TOD DURCH SCHUSS

Klaus Püschel/
Bettina Mittelacher

TOD DURCH SCHUSS

Die Wahrheit ist der beste Krimi

Ellert & Richter Verlag

„NUN SCHIESSEN SIE MAL LOS!“

VORWORT

Der eine ist gut in Schuss. Der andere hat sein Pulver schon verschossen. Wir bestellen einen Kaffee „mit Schuss“. Mancher wohnt komplett ab vom Schuss. Und gelegentlich finden wir, dass jemand einen Schuss vor den Bug bekommen sollte. Manchmal funktioniert der Schuss ins Blaue. Aber viel öfter geht der Schuss nach hinten los. Und dann gibt es tatsächlich jemanden, der den Schuss noch nicht gehört hat.

„Schuss“: Dieses Wort hat sich in unserer Sprache etabliert. Wir gebrauchen es als Metapher, um Gegebenheiten bildlich zu umschreiben. Und inzwischen ist der Begriff in unserem Alltag so verhaftet, dass wir kaum über seine tiefere Bedeutung nachdenken. Allerdings ist den meisten Redewendungen eines gemein: Wenn der „Schuss“ ins Spiel kommt, spitzt sich eine Situation zu.

So ist es auch im wahren Leben. Wenn ein Schuss fällt, kann das hochdramatische Folgen haben. Für den Schützen und noch für mehr für denjenigen, der getroffen wird. Im schlimmsten Fall ist der eine tot, und der andere kommt ins Gefängnis – lebenslänglich. „Lebenslänglich“ haben auch die Angehörigen der Opfer. Die Wunden, die der Verlust eines geliebten Menschen verursacht, schließen sich nie vollständig. Sie vernarben lediglich. Wir lernen, mit ihnen umzugehen, auch wenn sie weiterhin schmerzen.

Ein extremes Beispiel, wie der Schuss zu unserer Sprache gehört und zugleich in unser Leben eingreift, war die Aufforderung eines Hamburger Staatsanwalts, die sein Gegenüber im doppelten Sinne wörtlich genommen hat. „Nun schießen Sie mal los!“ Dieser Satz von Wolfgang Bistry war das ungewollte Stichwort für den letzten Akt in der unheilvollen Mordserie des St. Pauli-Killers Werner Pinzner, als dieser zunächst den Staatsanwalt, dann seine Ehefrau Jutta und anschließend sich selbst im Hamburger Polizeipräsidium erschoss. Der Showdown hat drei Menschenleben gekostet, und er hat die Stadt in ihren Grundfesten erschüttert.

Schusswaffen haben eine verheerende Wirkung, wenn auf Lebewesen geschossen wird. Ein sehr kleiner Druck am Abzug genügt, um einen maximalen Effekt zu erzielen. Allmachtsfantasien werden beflügelt, in jedem Alter, vom Jugendlichen bis zum Greis und bei Kranken. Die Wirkung ist durchschlagend, sogar auf größere Entfernung und in gewisser Weise meist anonym. Gerade psychisch oder körperlich unsichere, schwächere, wenig selbstbewusste Personen erzielen sofort eine (tödliche) Wirkung.

Bildlich gesprochen: Manchmal sträuben sich die Nackenhaare oder es läuft einem kalt den Rücken herunter, wenn man Fälle mit Schusswaffengebrauch als

Gerichtsreporterin begleitet oder als Rechtsmediziner analysiert. Es fällt mitunter schwer, hier die Position des nüchternen Beobachters beziehungsweise des Sachverständigen und Gutachters einzunehmen.

Die Rechtsmedizin kennt sehr viele unterschiedliche Formen der Gewalteinwirkung. Die häufigsten hiervon sind stumpfe Gewalt, scharfe Gewalt, Ersticken und Schuss. In einer sehr groben Einteilung kann man feststellen, dass in Mitteleuropa bei Tötungsdelikten jeweils etwa ein Viertel dieser Fälle auf die genannten vier Gewaltarten entfällt. Bei Suiziden kann man ebenfalls sehr grob einteilen: jeweils ein Drittel Vergiftung, Strangulation durch Erhängen sowie sämtliche andere Suizidformen zusammen.

Tod durch Schuss gibt es beinahe so lange wie die Menschheit selbst. Schon seit der ausgehenden Altsteinzeit von 30 000 bis 10 000 v. Chr. wurde der Bogen als Waffe eingesetzt. Die Hochkulturen in Ägypten und Mesopotamien kannten längst Pfeil und Bogen. Man erinnere sich außerdem an „Ötzi“, den Mann aus der Jungsteinzeit, der als Gletschermumie weltberühmt wurde und von dem wir mittlerweile wissen, dass er vor rund 5.300 Jahren von einer Pfeilspitze getroffen wurde. Und Dschingis Khan konnte auch deshalb zu einem besonders erfolgreichen Feldherrn werden, weil zu seiner Zeit die Waffentechnik der Bögen weiterentwickelt wurde.

Etwa im Jahre 1.000 n. Chr. wurde in Fernost, in China, das Schießpulver erfunden, im Zusammenhang hiermit wurden neue Schusswaffen entwickelt. Das Schwarzpulver ist also rund tausend Jahre alt. Vom

Franziskanermönch Berthold Schwarz wurde es in Deutschland im Jahr 1359 gewissermaßen neu entdeckt. Der in Deutschland gebräuchliche Name Schwarzpulver ist allerdings auf die schwarze Farbe des Zündstoffs zurückzuführen.

Als der Mensch das Schießpulver und dann die Schusswaffen erfand, war dies mit einer großen Waffenungleichheit bei kriegerischen Auseinandersetzungen verbunden. Krieger mit Schusswaffen waren den anderen überlegen. Insbesondere wurden diverse Formen der Geschütze entwickelt. Die bedeutendsten waren die Kanonen. Eine Tötung des Gegners war jetzt sogar auf große Entfernung möglich, und mit schweren Waffen konnten zudem Hindernisse wie Brücken und Mauern überwunden werden. Die Geschütze hat man dann in sehr unterschiedlicher Formation aufgestellt, einerseits zur Verteidigung, andererseits zum Angriff, auf fahrbaren Untersätzen, zum Teil gezogen von Zugtieren, sowie auf Schiffen.

Schließlich reihte sich Erfindung an Erfindung, und die Waffen wurden immer zerstörerischer und technisch immer ausgereifter. Langwaffen wie Büchsen und Flinten wurden entwickelt, und Kurzwaffen wie Revolver und Pistolen. 1836 hat Samuel Colt seinen ersten Revolver patentieren lassen.

Sodann wurden immer speziellere Waffen konstruiert: mit Zielfernrohr, mit Nachtsichtgerät, Maschinengewehre und -pistolen. Spezielle Schießgeräte wie Schieß-Kugelschreiber oder Schießwerkzeuge, die elektrisch geladene Pfeile an langen Kabeln verschießen (Taser), Laser-Pistolen und Laser-Kanonen wurden erfunden.

Schusswaffen sind für eine Vielzahl von Menschen faszinierend. Sie vermitteln das Gefühl der Stärke. Mit minimalem Aufwand kann man Kräfte auslösen, die ein großes Zerstörungspotenzial entfalten und die Menschen und Tiere ohne Weiteres töten können. So entwickeln sich spezielle Gruppen von Revolverhelden und Waffennarren, Kunstschützen, Sportschützen, Schusswaffenexperten.

Für viele Menschen sind Schusswaffen sehr beängstigend. Sie wissen, dass sie sich gegen diese Form eines Angriffs kaum wehren können. Weglaufen ist zwecklos – die Kugel ist einfach schneller. Und wenn der Schütze gut zielen kann, hat das Opfer keine Chance. Auch der Versuch, den Täter mit der Waffe in der Hand zu überwältigen, kann nicht gelingen, wenn dieser sofort einen Volltreffer, zum Beispiel mit Verletzung des Gehirns, eines lebenswichtigen Organs oder eines großen Blutgefäßes, erzielt.

Weil die Schusswaffen so gefährlich sind, versuchen die meisten Staaten, den Umgang mit diesen gefährlichen Waffen zu regulieren. Die Konsequenzen sind allerdings recht unterschiedlich. Während beispielsweise die Vereinigten Staaten von Amerika eine sehr liberale Waffengesetzgebung haben und es nahezu jedem Bürger erlauben, sich mit der Waffe in der Hand selbst zu verteidigen, sind die Regelungen in Mitteleuropa sehr viel strenger. Der Einsatz von Waffen – wenn überhaupt – ist nur bei Einsatzkräften und beim Militär vorgesehen. Speziell die Polizei hat das Privileg, Schusswaffen im Dienst zu tragen und in besonderen Situationen auch einzusetzen.

Besondere Regelungen gelten für Sportschützen, die ihre Schusswaffen nur für Wettkämpfe schießbereit machen und handhaben dürfen. Jäger können einen Waffenschein erwerben, um mit ihrer Schusswaffe Wild zu erlegen.

Leider werden Kinder häufig sehr frühzeitig an Schießwerkzeuge herangeführt, wenn sie zum Beispiel Wilder Westen, Cowboy und Indianer, Soldat oder Polizei spielen und dann mit Spielzeugwaffen hantieren. Und bedauerlicherweise sind einige der speziellen Helden für unsere Kinder und Jugendlichen besonders gute Schützen, man denke nur an Winnetou mit seiner Silberbüchse, an Old Shatterhand sowie Old Firehand.

Im Kriminalroman wird manchmal der Schusswaffengebrauch geradezu glorifiziert, einerseits bei den im Waffengebrauch speziell gedrillten und erfahrenen Tätern, andererseits bei den „Guten", aufseiten der Polizei, der Spezialeinsatzkräfte oder bei Privatdetektiven. Immer wieder hat es in diesen Kreisen extreme Grenzüberschreitungen gegeben, schwarze Schafe findet man überall.

Die Liste von tödlichem Schusswaffengebrauch in mörderischer Absicht ist unendlich lang. Zu jeder Zeit traf es Menschen in allen gesellschaftlichen Rängen. Und auch die Täter kamen aus allen Schichten.

In den Lehrbüchern der Rechtsmedizin gibt es unterschiedlich lange Kapitel über Schusswaffen und Schussverletzungen. Im Standard-Handbuch der gerichtlichen Medizin umfasst das Kapitel Schussverletzungen immerhin hundert Seiten inklusive Pfeilschuss-Verletzungen. Die Unterkapitel erläutern allgemeine

Funktions- und Bauprinzipien von Schusswaffen, kurzläufige Waffen, langläufige Waffen, spezielle Schusswaffen (darunter zum Beispiel Bolzenschussapparate und Bolzensetzwerkzeuge sowie selbstgebaute Schusswaffen, Luftdruckwaffen), Aufbau von Patronen, Patronenbezeichnungen, verschiedene Geschosse, unterschiedliche Formen der Ballistik, den Schusskanal, spezielle Lokalisation von Schussverletzungen, Handlungsfähigkeit nach Schussverletzungen, Schussentfernungsbestimmung und vieles mehr.

Die Kasuistik zu Schusstodesfällen ist extrem vielfältig. Jegliche Art von Glorifizierung verbietet sich selbstverständlich von vornherein, weil Schusswaffen eigentlich nur Unglück bringen, sieht man einmal ab von einzelnen Notwehrmaßnahmen sowie Schusswaffengebrauch zum Opferschutz oder zum Außergefechtsetzen von gewaltbereiten Schwerstkriminellen, bis hin zum finalen Rettungsschuss.

Einige Szenarien, die völlig unerwartet und sehr unglücklich einen tödlichen Ausgang nehmen können:

- unvorsichtige Schussabgabe beim Reinigen einer Waffe
- Waffe nicht vollständig/regulär entladen
- unabsichtliche Schussabgabe, zum Beispiel im Polizeieinsatz
- Schusswaffengebrauch von Kindern, wenn diese im Extremfall versehentlich andere töten
- Benutzen der Waffe durch nichtautorisierte Personen (Beispiel: Tochter eines Rechtsmediziners, der einen Waffenschein hat, tötet sich mit dem Revolver des Vaters)

- Auslösen einer scharfen Waffe anstelle des eigentlich geplanten Taser-Einsatzes
- Unfälle bei der Jagd, zum Beispiel bei einer Treibjagd
- diverse weitere Unfallsituationen
- scharfes Schießen zu Silvester und bei Feuerwerken allgemein
- sogenanntes Russisches Roulette

Die rechtsmedizinische Aufklärung derartiger Fälle ist in der Regel nicht besonders problematisch. Manchmal liegt der Teufel allerdings im Detail, insbesondere wenn es keine Zeugen gibt.

In solchen Fällen ist eine besonders sorgfältige Sektionstechnik erforderlich. Schussentfernung, Schussrichtung, Verlauf des Schusskanals und Handlungsfähigkeit müssen genauestens evaluiert werden. Dazu gehören unbedingt postmortale computertomografische Untersuchungen.

Hingewiesen sei auf einige sehr spezielle Fälle, die Persönlichkeiten der Zeitgeschichte, der Gesellschaft oder des öffentlichen Lebens betrafen:

- Der Dichter Kleist beging mit seiner heimlichen Geliebten einen sogenannten erweiterten Suizid.
- Einen erweiterten Suizid beging auch der General Gert Bastian, indem er zusätzlich seine Partnerin Petra Kelly tötete.
- Die Grenzsoldaten der ehemaligen DDR haben als sogenannte Mauerschützen auf Republikflüchtlinge geschossen. Hierzu gab es einen militärischen Schießbefehl.

Einige weitere Mordanschläge auf Politiker, Künstler, Aktivisten und Personen der Zeitgeschichte:

- Am 28. Juni 1914 in Sarajevo: Erzherzog Franz Ferdinand und seine Frau, das auslösende Ereignis für den Ersten Weltkrieg
- Rosa Luxemburg
- John F. Kennedy
- Robert Kennedy
- Martin Luther King
- Benno Ohnesorg
- Rudi Dutschke (Kopfschuss, zunächst überlebt, später infolge eines epileptischen Anfalls in der Badewanne ertrunken)
- John Lennon
- Ronald Reagan (überlebt)
- Olof Palme

In diesem Buch gehen wir detailliert auf außergewöhnliche Fälle ein, zu denen wir durch unsere Arbeit als Gerichtsreporterin und Rechtsmediziner einen ganz speziellen Bezug haben. Wir hatten mit Gewalttaten zu tun, die in ihrer Brutalität, der Anzahl der Opfer, dem Schrecken, den sie ausgelöst haben, und dem Leid, das durch sie verursacht wurde, unter die Haut gehen – auch jemandem, der lange im Beruf ist. Manche Fälle sind wiederum in ihrer Einzigartigkeit wirklich bizarr. Und sie alle sind auf ihre Art besonders.

EINE „LEKTION“ NACH ART DER MAFIA

Der Mann ist auf der Hut. Er hat es fertiggebracht, sich viele Feinde zu machen. Da muss man darauf gefasst sein, dass andere einem Böses wollen. Die Gegner sollen es nicht zu einfach haben. Also hat Bahri Berisha sich angewöhnt, stets ein großes Klappmesser bei sich zu tragen. Er hat es griffbereit im Hosenbund.

Es nützt nichts. In einem unbedachten Moment ist der 34-Jährige ahnungslos, wehrlos, schutzlos. Ein Schuss hallt durch die Straßen. Einen Augenblick später sind es vier weitere Kugeln, die abgefeuert werden, in schneller Folge. Der Mann bricht schwer getroffen zusammen. Er stirbt.

Bahri Berisha wurde zum Verhängnis, dass er sich mit den falschen Leuten angelegt hat. Der Mann, der mit illegalem Glücksspiel zu Geld gekommen ist, hat wohl geglaubt, er könne sich alles leisten und jedem trotzen. Er hat die Rechnung ohne seine mächtigen Feinde auf dem Hamburger Kiez gemacht. Und ohne deren Kontakte zur italienischen Mafia. Zwei Sizilianer übernehmen es, das Leben des unliebsamen Mannes auszulöschen. Sie erschießen ihn kaltblütig und hinterrücks. Die Killer lassen sich ihren Auftragsjob gut bezahlen. Aber nicht gut genug, dass es sich lohnen würde, seine Freiheit dafür einzubüßen. Giovanni G. und Daniele S. bekommen lebenslänglich.

Gleich zwei Männer hatten beschlossen, Bahri Berisha müsse sterben. Beide hatten sich eine gewisse Machtstellung insbesondere in der Glücksspielszene erworben. Ihnen war es ein Dorn im Auge, mit welch aggressiver Art der Kosovo-Albaner in einem Territorium agierte, das sie für sich beanspruchten. Außerdem war er an Einnahmen aus einem türkischen Kulturverein an der Talstraße auf St. Pauli beteiligt. Immer wieder hatte Berisha auch körperliche Auseinandersetzungen gesucht.

Und er hat sich hohe Geldsummen geborgt und nicht zurückgezahlt. Das kommt überhaupt nicht gut an in der Szene. Das schreit geradezu nach Rache.

So empfindet das zumindest Salvatore L., jener Mann, der Berisha 60 000 Mark geliehen und nicht zurückerhalten hat. Außerdem sollte die unmissverständliche „Lektion" anderen Geldleihern als abschreckendes Beispiel dienen und sie dazu motivieren, ihre Schulden pünktlich zu begleichen. Darüber hinaus wollte der 36-Jährige seine Stellung in der Glücksspielszene festigen und am besten sogar ausbauen. Auch Fazli G., ebenfalls Albaner, verspricht sich von der Ausschaltung des Konkurrenten ein besseres Standing auf dem Kiez. Und der 29-Jährige, dem manche eine enge Verbindung zum eigentlichen „Paten" von St. Pauli nachsagen, hat noch ein weiteres Motiv: Er hatte

Monate zuvor mit Berisha eine körperliche Auseinandersetzung, bei der er der Unterlegene war. Nun will Fazli G. seine verletzte Ehre wiederherstellen. Nachdrücklich und endgültig.

Den schmutzigen Job aber sollen andere erledigen. Männer, die nicht in Hamburg ansässig sind, sondern auf Sizilien. Salvatore L. hat beste Kontakte auf die Insel, schließlich wurde er dort geboren und hat da gelebt, bis er elf Jahre alt war. Da liegt es nahe, mal bei einem alten Kumpel anzufragen. Vor allem, wenn dieser enge Kontakte zur Mafia pflegt. In diesen Kreisen sind Skrupel bekanntlich ein Fremdwort, Rache ist ein edles Motiv – und der Killerauftrag ein Job, der professionell erledigt werden kann.

So kommt es, dass an einem Tag im Frühjahr 1993 bei Giovanni G. in Sizilien das Telefon klingelt und ein alter Bekannter aus Hamburg am Apparat ist. Ob der Sizilianer ihm helfen könne, will der Anrufer wissen. Er habe ein Problem mit einem Albaner, dem eine „Lektion erteilt" werden müsse. Der Auftrag solle von zwei Leuten ausgeführt werden. Ob Giovanni G. nicht seinen Freund Daniele S. mit ins Boot holen könne?

Der ist so frei. Allerdings verschweigt Giovanni G. gegenüber seinem Kumpel, dass es sich um einen Mordauftrag handelt. So wie der 30-Jährige den Job gegenüber seinem Freund darstellt, kann „Lektion erteilen" beispielsweise ein Schuss ins Bein bedeuten. Es wäre eine unmissverständliche Warnung nach Mafiaart. Die Kumpel besprechen, dass sie für den „Gefallen" zusammen 50 000 Mark erhalten sollen. Doch Daniele S. zögert. Als dann Salvatore L. im April 1993 persönlich nach Sizilien reist, das Honorar verdoppelt und weitere Boni verspricht, sagt der 33-Jährige zu. Und er hat seinen Auftraggeber durchaus richtig verstanden. Auch wenn dieser nur von „Lektion erteilen“ geredet hat, weiß der Sizilianer, was wirklich gemeint ist. Das Opfer soll liquidiert werden.

Es werden Pläne geschmiedet, verworfen und neu erörtert, Zeitfenster geplant, Taktiken durchdiskutiert. Für das Quartett ist klar, dass alle am Mord Beteiligten straffrei davonkommen sollen. Eine andere Leitlinie ist: Das Verbrechen muss nicht allzu diskret vonstatten gehen, sondern darf durchaus Furore machen. Schließlich soll damit ein Zeichen gesetzt werden, wer auf dem Kiez das Sagen hat.

Ein erster Besuch der gedungenen Killer in Hamburg Anfang Juli wird zum Flop. Und das, obwohl insbesondere Fazli G. darauf drängt, dass das Opfer unbedingt getötet werden müsse. Er habe einen Todeshass gegen den Mann, weil er sich seinetwegen nicht mehr ungestört auf St. Pauli bewegen könne. Außerdem schlägt der 29-Jährige vor, für den Mord eine Maschinenpistole mit Schalldämpfer zu nutzen. Doch ein solcher Schalldämpfer ist nicht vorhanden, weshalb die Idee verworfen wird. Stattdessen werden den beiden Killern eine 357er Magnum und eine 38er gezeigt, mit denen sie das Projekt zu einem erfolgreichen Abschluss bringen sollen. Die Waffen liegen gut in der Hand. Damit sollte alles klargehen.

Doch obwohl die Auftraggeber und die Mörder in spe Abende und Nächte lang diskutieren und planen, gelingt der Coup nicht. Die Sizilianer reisen ab.

Ende Juli fliegen sie erneut nach Hamburg. Diesmal soll es klappen. Sie besprechen, dass Bahri Berisha nun aufgelauert werden soll, wenn er spätabends von seiner Wohnung zum Kulturverein an der Talstraße geht. Um sicherzustellen, dass die Killer nicht versehentlich den Falschen erschießen, gibt es einen „Probelauf" in einer Bar, bei dem Giovanni G. und Daniele S. das Objekt der Begierde gezeigt wird. Berisha ist ein großer, schlanker, sehr drahtiger Mann, durchaus verwegen wirkend, mit dunklem Bart. Sie prägen sich das Gesicht des avisierten Opfers ein und seinen auffälligen Gang. Ja, jetzt ist man sicher, dass es gelingen kann. Allen ist klar, dass Berisha keine Chance bekommen soll, sich zu verteidigen. Er soll überrumpelt und erschossen werden. Kaltblütig.

Am 3. August 1993 erhalten die Lohnkiller einen Teil ihrer Bezahlung und die beiden Pistolen, mit denen sie das Verbrechen ausüben sollen. Nun scheint endgültig alles bereit. Fazli G. geht in eine Bar, in der viel los ist, damit er auf jeden Fall für die Tatzeit ein Alibi haben soll. Salvatore L. indes setzt die beiden Sizilianer in der Nähe des Kulturvereins ab, wo sie dem 34-Jährigen auflauern und ihn erschießen sollen. Danach sollen sie die knapp hundert Meter zurücklegen, wo ihr Auftraggeber in einer Seitenstraße mit einem Fluchtfahrzeug zu warten verspricht – weit genug entfernt, um nicht mit dem Mord in Verbindung gebracht zu werden. Das ist der Plan.

Es dauert einige Stunden, bis ihr Zielobjekt sich blicken lässt. Die beiden Killer greifen nach ihren Pistolen und folgen Bahri Berisha. Nun geht alles ganz schnell. Fünf Schüsse peitschen durch die Luft, vier von ihnen treffen den Mann aus kürzester Entfernung. Das Opfer sackt tödlich verletzt zusammen. Im diffusen Licht einer Lampe über dem Eingang zum Kulturverein liegt sein Körper da, am unteren Ende einer Treppe, mit dem Gesicht nach unten. Er hatte keine Chance.

Als Rechtsmediziner später den Leichnam untersuchen, stellen sie vier Schussverletzungen fest. Ein Projektil hat den Nacken durchschlagen und das Rückenmark glatt durchschossen. Zwei Schüsse trafen den Brustkorb des Opfers und verletzten das Herz, die Aorta und beide Lungenflügel. Es blutete massiv in beide Brusthöhlen. Darüber hinaus ist die rechte Hand Berishas getroffen worden. Als Todesursache wird inneres und äußeres Verbluten festgestellt sowie Atmungsversagen. Beide Schusskanäle am rechten und linken Brustkorb sind ansteigend, und zwar von rechts hinten nach links oben sowie von links hinten nach rechts vorne oben. Die Verletzung am Hals ist nahezu horizontal. Daraus ist zu folgern, dass die Kugeln von oben nach unten abgefeuert wurden, auf ein vermutlich fallendes oder bereits am Boden liegendes Opfer. Allein der Schuss in den Hals fiel, als der 34-Jährige vermutlich noch stand. Es muss somit die erste schwere Verletzung gewesen sein, die das Opfer zum Straucheln und zum Fallen brachte.

Die Sektion des Albaners ergibt weiterhin: Zum Zeitpunkt des Todes stand Berisha nicht unter Alkoholeinfluss; er hatte 0,0 Promille. Durch den Sturz nach vorne erlitt er flächenhafte Abschürfungen im Gesicht.

Fünf Schüsse, abgegeben ohne Schalldämpfer, in einer belebten Gegend: Das bleibt nicht unbemerkt. Zwei Anwohner sind durch die Knallerei aufgeschreckt und laufen zum Fenster ihrer Wohnung, die nur wenige Meter entfernt liegt. Vom zweiten Stock aus beobachten sie, wie im Dunkeln zwei Gestalten die Bleicherstraße entlangrennen, auf ein Auto zu. Der Wagen, der sich schon langsam in Bewegung gesetzt hat, stoppt kurz, die Flüchtenden springen in das Fahrzeug, das nun mit hohem Tempo losfährt.

Auch ein vermeintlich gut durchdachter Plan kann scheitern. Auch Mörder, die sich für hartgesotten, schlau und professionell halten, können Fehler machen. Und hier ist es Salvatore L., dem im Eifer des Gefechts eine verhängnisvolle Panne unterläuft. Um die beiden Lohnkiller einsteigen zu lassen, hat er seinen BMW ausgerechnet unter einer Straßenlaterne angehalten. Deren Licht scheint hell genug, sodass die beiden Anwohner aus ihrem Zimmerfenster heraus das Nummernschild erkennen können. Sie ahnen, dass die die Straße entlanghetzenden Männer und das wartende Auto mit den Schüssen zusammenhängen. Sie alarmieren die Polizei und geben das Kennzeichen durch. Wenig später wird der Leichnam im Eingang des Kulturvereins entdeckt. Schon am Tatort ist klar, dass das Opfer von Kugeln tödlich getroffen wurde. Es drängt sich der Verdacht auf, dass es einen Zusammenhang gibt. Die Beamten stellen den Halter des Wagens fest, und wenig später beginnt eine Observation des Hauses von Salvatore L. in Eidelstedt.

Die Beamten beobachten, wie ein Mercedes Cabrio vorfährt, mehrere Gepäckstücke werden eingeladen. Zwei Männer steigen ein, das Auto setzt sich in Bewegung und fährt Richtung Autobahn. Kurz vor der Auffahrt Stellingen stoppt das Mobile Einsatzkommando der Polizei den Mercedes, und der Fahrer sowie die weiteren beiden Männer werden festgenommen. Auch bei Salvatore L. klicken die Handschellen. Jetzt beginnen die polizeilichen Ermittlungen, die tief in die Strukturen der organisierten Kriminalität reichen, die das Gefüge des illegalen Glücksspiels beleuchten, Machtverhältnisse veranschaulichen – und diverse Feindseligkeiten aufdecken. Animositäten, die so weitreichend sind und so tief sitzen, dass offenbar nur ein Mord sie bereinigen kann.

Und es wird ein Schlaglicht geworfen auf die erbitterte Auseinandersetzung um die Vorherrschaft in der Hamburger Rotlichtszene.

Anfang der 1990er-Jahre liefern sich Albaner und Türken einen regelrechten Krieg darum, wer hier und auf dem Drogenmarkt das Sagen hat. Es geht dabei um Millionen. Später kämpfen insbesondere rivalisierende Albaner-Banden um die Dominanz in dem Milieu. Lokale auf St. Pauli werden genutzt, um Einbruchteams zusammenzustellen und Hehlereigeschäfte abzuwickeln, Beteiligungen am illegalen Glücksspiel, am Rauschgifthandel und in der Zuhälterei auszubauen und zu festigen. Und schließlich kommt es sogar zu einer Kooperation zwischen albanischen Clans und der italienischen Mafia. Merke: Das organisierte Verbrechen kennt keine Geduld, wenn es um Spielschulden geht. Der brutale Mord ist ebenso eine Warnung an alle anderen säumigen Schuldner auf dem Kiez.

Im Mai 1994 beginnt der Prozess gegen die Männer, die Monate zuvor verhaftet worden sind. Die Sicherheitsvorkehrungen im Hamburger Strafjustizgebäude sind schärfer denn je. Auf den Fluren stehen etliche Polizisten bereit, ebenso im Verhandlungssaal. Einer der Angeklagten wird im Streifenwagen mit Blaulicht und unter Begleitung schwer bewaffneter Beamten zum Gerichtsgebäude am Holstenglacis gefahren. Hinter dem Panzerglas, das den Zuschauerbereich vom eigentlichen Verhandlungssaal trennt, sitzen Freunde und Angehörige der mutmaßlichen Mörder. Viele von ihnen tragen dunkle Sonnenbrillen.

Die Staatsanwaltschaft wirft Salvatore L., Giovanni G. und Daniele S. gemeinschaftlichen heimtückischen Mord vor. In der Anklage heißt es, Salvatore L. habe das aus Sizilien stammende Killerkommando mit seinem BMW vom Flughafen abgeholt und in die Nähe des Tatortes gebracht. Dann habe Daniele S. das Opfer durch gezielte Schüsse in den Rücken und Nacken umgelegt, während Giovanni G. mit seiner Waffe den Rückzug gesichert habe. Salvatore L. habe die beiden Killer in der Nähe des Tatorts wieder aufgenommen, sie zunächst in seinem Haus versteckt und ihnen dann zur Flucht aus Hamburg verholfen.

Während ihrer Vernehmungen im Ermittlungsverfahren hat das Trio unisono bestritten, etwas mit den tödlichen Schüssen auf den 34-Jährigen zu tun zu haben. Insbesondere die beiden Männer mit Wohnsitz auf Sizilien gaben an, sie seien in friedlicher Mission nach Hamburg gekommen. Sie hätten hier ein Auto kaufen wollen. Nun im Prozess machen die Angeklagten von ihrem Recht zu schweigen Gebrauch.

Stattdessen kommen nach und nach 48 Zeugen zu Wort. Manche wissen um angebliche Feindseligkeiten auf dem Kiez, einige andere, wie Anwohner und Passanten, haben Beobachtungen unter anderem im Umfeld des Tatorts gemacht. Auch Indizien wie die Flugtickets, die die Reisen von und nach Sizilien belegen, und Telefonverbindungen werden herangezogen. Am Ende der Beweisaufnahme ergibt sich, ähnlich einem sorgfältig gelegten Puzzle, für das Gericht ein stimmiges Bild: Alle drei Angeklagten werden am 13. Juli 1994 zu lebenslanger Freiheitsstrafe wegen Mordes verurteilt. Jeder von ihnen legt Revision ein, doch allein Salvatore L. hat mit seinem Rechtsmittel Erfolg, allerdings nur in einem Detail. Dies hat aber zur Folge, dass gegen den 36-Jährigen erneut verhandelt werden muss.

Eigentlich gilt in den Kreisen der Mafia die Omertà, das Gesetz des Schweigens. Seine Befolgung wird auch von Außenstehenden verlangt. Doch einer der Killer, Daniele S., hat inzwischen bei der Polizei ausgepackt. Der Sizilianer, so hat er es den Ermittlern und später auch als Zeuge vor Gericht ausgesagt, habe sein Gewissen erleichtern wollen. Es mag auch eine Rolle gespielt haben, dass er sich gewisse Vorteile von seiner umfassenden Aussage versprochen haben könnte, beispielsweise eine schnellere Überstellung in sein Heimatland, um in der Nähe seiner Familie seine weitere Strafe verbüßen zu können.

Nicht nur, dass Daniele S. den Ermittlern wichtige Details über die Planung und die Ausführung des Mordes an Bahri Berisha schildert. Er verrät nun auch, dass Fazli G. einer der Auftraggeber gewesen sei. So landet der 29-Jährige nun ebenfalls mit auf der Anklagebank. Der Albaner hüllt sich im Prozess in Schweigen. Allein in seinem letzten Wort äußerst er sich zu den Vorwürfen – und bestreitet sie pauschal. Er habe nichts mit dem Mord vom 4. August 1993 zu tun.

Salvatore L. räumt in diesem zweiten Verfahren ein, was aufgrund der Beweislage ohnehin nicht mehr zu leugnen ist. Er gesteht, Giovanni G. und Daniele S. beauftragt zu haben, aus Sizilien nach Hamburg zu kommen. Hier sollten die beiden Männer seiner Darstellung zufolge Bahri Berisha aufsuchen und ihn mit einer Schusswaffe bedrohen. Allerdings sei es nie darum gegangen, den Konkurrenten zu töten. Ziel sei allein gewesen, die Spielschulden von 60 000 Mark, die er bei Salvatore L. hatte, einzutreiben.

Giovanni G. kenne er schon lange, so Salvatore L. Und dieser habe Daniele S. als zweiten möglichen Täter ins Spiel gebracht. S. sei Boxer und deshalb für Einschüchterungen gut zu gebrauchen. Die beiden Männer seien auch deshalb einverstanden gewesen, nach Hamburg zu kommen, weil sie hier bei der Gelegenheit ein Auto hätten kaufen und zurück in ihre Heimat transferieren wollen. So hätten sie im Idealfall zwei Fliegen mit einer Klappe geschlagen. Der Angeklagte schildert weiter, er habe tatsächlich die beiden Sizilianer zum späteren Tatort gefahren und ihnen dann die Flucht ermöglichen wollen. Vor allem habe er sie ermahnt: Es dürfe bloß nichts passieren. Niemand habe getötet werden sollen!

Doch dann sei offenbar etwas schiefgelaufen. Er habe aus der Entfernung fünf Schüsse gehört und geahnt, dass Bahri Berisha nun womöglich doch verletzt worden sei. Das habe ihn entsetzlich wütend gemacht – weil er ausdrücklich darauf bestanden habe, dass es kein Blutvergießen geben sollte. Offenbar sei das Geschehen wohl überraschend eskaliert, und Daniele S. habe mehrfach auf den 34-Jährigen geschossen. Und er bestätigt: Der Mitangeklagte Fazli G. habe mit dem blutigen Verbrechen nichts zu tun.

Den Auftritt des Daniele S., mittlerweile rechtskräftig verurteilter Mörder und Kronzeuge jetzt im Prozess gegen Salvatore L. und Fazli G., haben die Angeklagten mit scheinbarer Gelassenheit verfolgt. Doch in ihrem Inneren werden starke Gefühle getobt haben. Über mehrere Verhandlungstage wird der Kronzeuge gehört, wieder und wieder schildert er das blutige Verbrechen und dessen Vorgeschichte in allen Einzelheiten – so wie er es erlebt haben will. Ist dem Mann zu glauben, der nun beide Angeklagte in erheblichem Maße belastet?

Direkte Vorteile hat Daniele S. von seiner Aussage nicht zu erwarten, wohl aber Nachteile. In der Haft wird er als Kronzeuge besonders abgeschirmt - er muss damit rechnen, dass aufgrund seiner Aussage einige Menschen Rachegedanken gegen ihn hegen, insbesondere solche Typen, die ohnehin nicht mehr viel zu verlieren haben. Das macht sein Leben fortan besonders gefährlich.

Im Prozess wirkt er sprunghaft. Und weitschweifig. Er wechselt in seinen Schilderungen häufiger von einer Szene zur nächsten, ohne besondere zeitliche oder inhaltliche Struktur. Aber macht das seine Schilderungen besonders zweifelhaft? Nein, entscheidet schließlich das Gericht. Denn auch wenn er in seiner Darstellung beispielsweise mal von der Planung zur eigentlichen Tat und dann wieder zurück zu den Vorbereitungen springt, ergeben seine Erzählungen im Ergebnis ein klares Bild von einem Auftragsmord. Und so wie der 33-Jährige es darstellt, hat allein einer die tödlichen Schüsse auf das Opfer abgegeben: Daniele S. selbst.

Im Ergebnis kommt das Gericht in dieser neuen Verhandlung gegen Salvatore L. und Fazli G. schließlich zu einer Verurteilung von Salvatore L. zu lebenslanger Freiheitsstrafe wegen Mordes. Nach Überzeugung der Kammer hat dieser daran mitgewirkt, die Erschießung des Bahri Berisha zu planen und durchzuführen. Fazli G. wird wegen Beihilfe zum Mord zu zwölf Jahren und vier Monaten Gefängnis verurteilt.

Über den Kronzeugen werden etliche Details zu dem Verbrechen bekannt, die in die Urteilsfindung einfließen. So hat der Sizilianer Daniele S. unter anderem ausführlich dargelegt, wie beharrlich Salvatore L. in Italien um seine Mithilfe und die von Giovanni G. geworben habe. Auch dass der Auftraggeber ihr Honorar verdoppelte, nachdem sie zunächst zögerten, nach Hamburg zu kommen, hat der 33-Jährige im Prozess ausgesagt. Ferner hat er geschildert, dass ursprünglich geplant war, einen Lockvogel einzusetzen, mit dessen Hilfe der notorisch vorsichtige und misstrauische Bahri Berisha aufgespürt werden sollte. Durch seine Aussage nahm das Bild des Fazli G. als Mitinitiator an der Tat Formen an. Der Albaner habe aus seinem Hass gegen den Kontrahenten, den er für einen gravierenden Ehrverlust verantwortlich machte, keinen Hehl gemacht. Insbesondere er sei es gewesen, der sich eigentlich gewünscht hätte, für den Mord eine Maschinenpistole zu verwenden.

Bei einer solchen vollautomatischen Schusswaffe handelt es sich um ein Mordinstrument, das dazu gebaut wird, um eine möglichst große Anzahl von Kugeln ins Ziel zu bringen. Das kann bedeuten, während eines einzigen Angriffs mehrere Menschen zu töten oder ein einzelnes Opfer geradezu zu durchsieben. Manche solcher Waffen haben eine theoretische Feuergeschwindigkeit von fast tausend Schuss pro Minute.

Selbst ein Rechtsmediziner mit jahrzehntelanger Erfahrung bekommt es nur in den seltensten Fällen mit Verbrechen zu tun, in denen eine solche Waffe mit einer so enormen Durchschlagskraft eingesetzt wurde. Am ehesten ist dies der Fall, wenn Tote aus kriegerischen Konflikten untersucht werden, etwa im Balkankrieg.

Es ist indes kein Wunder, dass die anderen an dem Mordplan Beteiligten von dem Einsatz einer Maschinenpistole abrieten, weil kein Schalldämpfer zur Verfügung stand. Der Lärm, den eine solche Waffe gemacht hätte, hätte vermutlich den ganzen Stadtteil in Alarmbereitschaft versetzt. So viele Zeugen wollte man nun doch nicht riskieren. Wann immer es bei der Planung zu unterschiedlichen Ansichten kam: Laut Daniele S. hat sich Salvatore L. letztlich mit seinen Ansichten durchgesetzt. Der 36-Jährige ist es demnach auch gewesen, der festlegte, dass Bahri Berisha direkt am Kulturverein erschossen werden sollte. Aber auch Fazli G. habe konsequent und immer wieder deutlich gemacht, wie groß sein Interesse sei, dass sein verhasster Gegner sterben solle.

In einem Punkt waren sich letztlich alle aus dem Quartett einig: Beide, Giovanni G. und Daniele S., sollten das eigentliche Attentat gemeinsam ausführen, jeder mit einer Schusswaffe. Dabei sollte Daniele S. eine „357er“ Magnum nutzen, die ihm Fazli G. persönlich überreichte. Salvatore L. habe praktisch gleichzeitig Giovanni G. mit seiner „38er“ vertraut gemacht. Doch als sie in der Tatnacht, dem 4. August 1993 gegen 2 Uhr, das avisierte Opfer tatsächlich aufspürten, ist laut Schilderung des Kronzeugen nicht alles nach Plan gelaufen. Zunächst waren die zwei Killer so in Eile, dass sie die beiden bereitgelegten Pistolen vertauschten. Nun hatte also Giovanni G. die Waffe, die eigentlich Daniele S. benutzen sollte – und umgekehrt. Vor allem aber verfolgte das Killerduo demnach Bahri Berisha auf den letzten Metern nicht mehr gemeinsam. Vielmehr, so erzählte es der Kronzeuge im Prozess, blieb Giovanni G. kurz vor dem verabredeten Tatort plötzlich stehen, sodass sein Komplize letztlich den eigentlichen Mord allein verübte.

„Es geschah alles innerhalb weniger Sekunden“, erklärte Daniele S. Der Mord lief demnach so ab: Als Bahri Berisha kurz vor dem Eingang zum Kulturverein ankommt, bemerkt er seinen Verfolger. Er dreht sich blitzschnell zu ihm um und greift nach hinten, möglicherweise, um sein Messer zu zücken. Doch der Attentäter ist hinlänglich gewarnt worden, dass der Albaner auf der Hut ist und vermutlich nicht zögern wird, das Messer auch einzusetzen. Also schießt Daniele S. sofort und aus einem Reflex heraus auf die Hand des Mannes. Er trifft. Das Opfer strauchelt nun zurück, es kommt zu einem kurzen Gerangel. Bahri Berisha stolpert ein Stück die Treppe hinunter. Nun schießt der Killler wieder, gleich viermal in Folge – bis das Magazin leer ist. Er kann davon ausgehen, dass er seinen Auftrag erfüllt hat. Aus einer so kurzen Distanz danebenzuschießen, erscheint fast unmöglich.

Daniele S. flüchtet nun vom Tatort, sein Komplize Giovanni G. schließt sich ihm an. Beide rennen zu dem Wagen wenige Straßen weiter, in dem ihr Auftraggeber Salvatore L. wartet. Er fährt die beiden Sizilianer zu sich nach Hause und versichert ihnen immer wieder, dass sie sicher seien. Alles habe schließlich wie geplant funktioniert.

Kurze Zeit später werden sie festgenommen. So kann man sich irren.

... UND ZUM DESSERT EIN LEICHNAM

Ein ratterndes Dröhnen schallt durch den Raum. Staub wirbelt durch die Luft. Es rasselt und scheppert, als die Bohrhämmer immer tiefer in den Boden aus Kalk und Zement eindringen. Nach und nach werden zwischen all dem Grau aus Baustoffen einige Kleidungsfetzen sichtbar, dann erste Umrisse einer Gestalt. Es ist ein Toter, der einbetoniert im Boden liegt, bäuchlings und mit dem Gesicht nach unten. Zwei Monate lang war der Leichnam in der Tiefe verborgen. Und keine fünf Meter entfernt haben sich Menschen mit mediterranen Delikatessen verwöhnen lassen. Sie hatten keine Ahnung, dass sie neben etwas Grauenvollem sitzen.

Es ist der 18. November 2015, als die gruselige Wahrheit ans Licht kommt. An diesem Tag rücken Ermittler in dem beliebten Lokal „Casa Alfredo" an der Langen Reihe in Hamburg-St. Georg an und lassen den Boden aufstemmen. Darunter entdecken sie den Leichnam eines Mannes, der Wochen zuvor von seinen Verwandten als vermisst gemeldet worden war. Leichenspürhunde hatten den Körper des 49-Jährigen unter dem

Boden des Restaurants entdeckt, eingemauert in einer Baugrube.

Diese Auffindesituation ist der Ausgangspunkt in einem sehr besonderen Fall. Es kristallisiert sich letztlich heraus, dass bei diesem Tötungsdelikt die Grenzen von Schwarz und Weiß, von Gut und Böse, von Täter und Opfer verschwimmen. Ein Gericht hat schließlich über den Mann zu entscheiden, der für den Tod eines anderen verantwortlich ist und der den Leichnam einbetoniert hat. Doch es stellt sich heraus, dass dieser Täter in Wahrheit auch Opfer ist.

Dieser 18. November, als die Polizei den Leichnam entdeckt hat, ist zugleich das Ende und der Anfang einer höchst ungewöhnlichen Geschichte. Der Tote ist ein 49 Jahre alter Mann, der in St. Georg unter dem Namen Cincin bekannt ist. Seit dem 30. September gilt Ercan D., so der richtige Name von Cincin, als vermisst. Nun liegt da also seine Leiche in einer Baugrube eines Restaurants. Und der Betreiber des „Casa Alfredo" gesteht, den Mann erschossen und vergraben zu haben.

Rechtsmediziner, die schon bei der Bergung des Leichnams dabei sind, obduzieren den Toten. Wie in derartigen Fällen üblich wird zunächst eine Computertomografie durchgeführt. In den knapp sieben Wochen, die der Mann unter Baustoffen vergraben war, ist die Leiche teilweise verwest. Doch die Befunde, die an dem Körper noch immer erhoben werden können, sprechen eine eindeutige Sprache: Todesursache ist ein sogenannter „relativer Nahschuss" gewesen. Die Entfernung, aus der die Kugel abgefeuert wurde, betrug etwa ein bis zwei Zentimeter. Das Projektil drang hinter der rechten Ohrmuschel in den Nacken ein und durchschlug den ersten Halswirbel. Teile des ummantelten Projektils werden linksseitig im Weichteilbereich von Hals und Schulter lokalisiert. Es handelt sich um einen Steckschuss aus einer Pistole. Es wurde zudem die hohe Rachenhinterwand zerrissen, und es wurde ein knöcherner Defekt am Halswirbel verursacht sowie das Rückenmark verletzt. Bei so einer massiven Verletzung bricht der Körper unmittelbar zusammen, eine sofortige Handlungsunfähigkeit ist die Folge. Durch eine Atemlähmung tritt sehr schnell der Tod ein.

Wenn man dies hört – ein Schuss aus allernächster Distanz –, könnte man zunächst an einen eiskalten Killer denken. Aber der Fall entwickelt sich ganz anders. Der Todesschütze behauptet nämlich, dass er zuvor von dem späteren Opfer massiv bedroht worden sei, unter anderem mit einer Schusswaffe. Der geständige Täter sagt außerdem, dass er die Waffe im Rahmen eines tumultartigen und hochdynamischen Kampfgeschehens abgefeuert habe. Wenn sich diese Version bewahrheitet, handelt es sich eher nicht um einen Mord. Es kommt ein Totschlag in Betracht, vielleicht durch ein Augenblicksversagen. Oder handelt es sich sogar um Notwehr?

Über diese Möglichkeiten müssen die Ermittlungsbehörden und später das Gericht im Prozess gegen den Todesschützen nachdenken. Kein Fall ist wie der andere. Es müssen stets alle Details des Tatgeschehens und einer möglichen Vorgeschichte sorgfältig analysiert und bewertet werden.

Es wird deutlich, wie sich über Monate die Geschehnisse entwickelt und immer weiter zugespitzt haben, die letztlich zu dem Todesschuss im Restaurant geführt haben.

Eigentlich hat sich der Chef dieser Lokalität über Jahre einen sehr guten Ruf erarbeitet, bis zu jenem schicksalhaften Tag im September 2015. Er hat in den besten Häusern als Koch gelernt. Im „Casa Alfredo“, das er 2012 eröffnet hat, überzeugt er seine Gäste mit stets frischen mediterranen Speisen. In dem Restaurant verkehren unter anderem Ärzte, Schauspieler, Polizisten und Anwälte. Der Laden läuft richtig gut.

Bis dann eines Tages Cincin aufkreuzt und anfängt, dem Restaurantbetreiber das Leben schwer zu machen. Cincin alias Ercan D. ist ein Mann, der Anfang der 1980er-Jahre zusammen mit seinen Eltern und seinen Brüdern aus der Türkei nach Deutschland gekommen ist. Der 49-Jährige hat keinen Schulabschluss und keine Berufsausbildung, er lebt offiziell von Sozialleistungen. Allerdings erzielt er offensichtlich weitere Einkünfte aus illegalen Geschäften, möglicherweise im Bereich der Prostitution, des Drogenhandels und der Schutzgelderpressung. Er ist im Zusammenhang mit einigen dieser Delikte schon mehrfach verurteilt worden.

Das Erscheinungsbild von Cincin passt eigentlich nicht zu dem eines Mannes, wie man ihn sich gemeinhin für das Milieu vorstellt. Er ist ein eher klein gewachsener, übergewichtiger Typ, der gerne in kurzer Hose und Badelatschen durch St. Georg läuft, und das auch im Winter. Er behauptet, er kenne hier jeden, und macht sich ungeheuer wichtig. „Eine Witzfigur“ hat ihn ein anderer Gastronom aus dem Viertel einmal genannt.

Doch auch wenn manche ihn als lächerlich empfunden haben: Für Alfredo M. wird Cincin nach und nach zu einer ernsthaften Gefahr. Er jagt dem Restaurantbetreiber zunehmend Angst ein und schafft es, das Leben von Alfredo M. über Monate hinweg zur Qual zu machen. Was sich seit dem Sommer 2013 abgespielt hat, setzt sich wie Puzzlestücke zusammen aus den Erzählungen des Gastwirts, aber auch aus Schilderungen aus dem Umfeld des Mannes. Weitere Erkenntnisse liefern intensive Ermittlungen der Polizei und – nicht zuletzt – die Beweisaufnahme in dem Strafprozess, in dem sich Alfredo M. schließlich wegen Totschlags verantworten muss.

Ein Angeklagter kann viel behaupten. Er darf, wenn er will, sogar lügen, dass sich die Balken biegen. Das ist sein gutes Recht. Deshalb muss in einem Prozess immer sehr kritisch der Wahrheitsgehalt der Einlassung des Angeklagten geprüft werden. Das geschieht durch die Vernehmung von Zeugen, die im Gegensatz zum Angeklagten strikt bei der Wahrheit bleiben müssen. Ferner werden üblicherweise weitere Beweismittel herangezogen, wie etwa Handy- und Computerauswertungen, Bilder aus Überwachungskameras und Kontoauszüge, Fingerabdrücke und Faserspuren. Und im Prozess gegen Alfredo M. kristallisiert sich nach und nach heraus, dass das meiste von dem, was der 52-Jährige zur Vorgeschichte und zum Hintergrund des Tatgeschehens berichtet hat, im Rahmen der Beweisaufnahme bestätigt wird.

Nachdem sich Cincin zunächst gegenüber Gastwirt Alfredo M. relativ konziliant aufgeführt hat, steigert er nach und nach den Druck auf den Lokalbetreiber. Das Ganze sei im Sommer 2013 losgegangen, schildert Alfredo M. Cincin sei immer häufiger in das kleine Lokal am Hauptbahnhof gekommen und habe sich dort wie ein Stammgast aufgeführt. Im Prozess bezeichnet der Angeklagte den 49-Jährigen für diese Anfangszeit ihrer Bekanntschaft als „Schwätzer, der sich nicht abwimmeln ließ“.

Doch in sein zunächst noch halbwegs freundliches Gerede schleicht sich bald ein neuer Unterton. Der Dauergast beteuert zwar weiterhin ständig, dass er es gut mit Alfredo M. meine. Er deutet aber auch an, dass der Wirt einen Freund wie ihn dringend benötige – und zwar als Beschützer.

Vorangegangen ist, dass Alfredo M. einem anderen Lokalbetreiber insgesamt 1.500 Euro geliehen hat. Dieser andere Gastwirt hat das Geld nicht zurückgezahlt. Stattdessen fordert er angeblich weitere 5.000 Euro, und zwar als Entschädigung dafür, dass der Koch schlecht über ihn in St. Georg geredet habe.

Jetzt tritt Cincin als vermeintlicher Retter auf den Plan. Er bietet Alfredo M. an, das Problem mit diesem anderen Gastwirt zu lösen. Doch das koste Geld, sagt Cincin.

„Ich wusste nicht, ob er mir helfen oder mich erpressen wollte“, schildert Alfredo M. später vor Gericht seine Gefühlswelt. Nur eines habe er sicher gewusst: Er wollte keinen Ärger haben. Also zahlt er Schutzgeld an seinen angeblichen Retter. Trotzdem stellen sich nun weitere Probleme ein. Plötzlich heißt es, „die Albaner und Afghanen“ seien schlecht auf Alfredo M. zu sprechen und wollten ihm an den Kragen. Cincin aber, der gute Freund, könne dem Gastwirt helfen. Er kenne Leute, die auf das „Casa Alfredo“ aufpassen würden. 1.000 Euro im Monat verlangt Cincin nun, angeblich um seine Leute zu bezahlen. Fortan kommt der 49-Jährige regelmäßig am Monatsende und holt das Geld ab.

Und im Stadtteil erzählt Cincin, er sei Partner in dem Lokal. Seine Bekannten lädt er ein, dort zu essen, ohne dass sie bezahlen müssten. Das ist für Alfredo M. ein weiteres Ärgernis – neben dem Geld, das er seinem Erpresser jeden Monat überreichen muss.

Alfredo M. will eigentlich kein weiteres Schutzgeld zahlen. Doch immer, wenn er sich mal weigert, die 1.000 Euro an Cincin zu übergeben, spürt er sofort die Folgen. Innerhalb kürzester Zeit gehen die Scheiben des Restaurants zweimal zu Bruch. Außerdem erscheint im Internet auf einem Bewertungsportal eine vernichtende Kritik über sein Lokal. Darüber hinaus werden Gäste vor dem Lokal massiv belästigt. Und vor allem: Alfredo M. findet Fotos seiner Töchter im Briefkasten, heimlich aufgenommen an einer Bushaltestelle. Er fürchtet deshalb, seine Töchter könnten in Gefahr sein. Also zahlt der Gastwirt doch weiter, insgesamt mindestens 25 000 Euro. Im Juli 2015 ist er verschuldet, weil er parallel zu den Schutzgeldzahlungen eine Stromnachzahlung von 17 000 Euro leisten muss. Er will und kann nicht mehr zahlen.

Doch darauf nimmt der Erpresser keine Rücksicht. Er wird dreister und übt weiteren Druck aus. Als „Argument“ hat er bei seinen Besuchen im „Casa Alfredo“ nun eine Waffe im Hosenbund.

Schließlich kommt es zu dem schicksalhaften und folgenschweren Abend des 30. September 2015. An diesem Tag lässt der Erpresser endgültig seine Maske des vermeintlichen Beschützers fallen. Er verlangt in aller Deutlichkeit weiteres Schutzgeld.

Was dann geschieht, schildert der Angeklagte im Prozess folgendermaßen: Cincin hat eine Schusswaffe dabei, legt sie vor sich auf einen Tisch und spielt damit herum. Er will das Geld und sagt: „Wenn du nicht zahlst, geht einer von uns beiden drauf."

Dann habe Cincin gesagt, Alfredo M. solle seine „schönen Töchter arbeiten schicken", die seien alt genug. Der Gastwirt deutet die Worte so, dass er seine Töchter für Cincin anschaffen lassen solle.

Das ist der Moment, an dem Alfredo M. nach eigener Darstellung die Fassung verliert und das letztlich tödliche Geschehen seinen Lauf nimmt. Er springt jetzt voller Wut auf, dabei kippt der Tisch um, die Männer fallen zu Boden und es kommt zu einem Handgemenge. Dann spürt der Gastwirt unter sich etwas Hartes. Es ist die Waffe, die Cincin mitgebracht hat. Alfredo M. greift danach und schießt. In diesem Moment ist der Pistolenlauf nur ein bis zwei Zentimeter vom Kopf des 49-Jährigen entfernt. Der Erpresser ist sofort tot.

Der Mann, der die Kugel abgefeuert hat, ist zunächst geschockt – und überfordert. Er starrt lange auf den Toten, der bäuchlings daliegt. Er starrt auch auf das viele Blut, das sich vom Leichnam aus auf dem Boden des Lokals ausbreitet. Gastwirt Alfredo M. tritt benommen vor die Tür und raucht mehrere Zigaretten. Dann entschließt er sich, erst mal nach Hause zu gehen. Auf dem Weg dorthin überlegt er, sich der Polizei zu stellen.

Welche Gedanken ihm in dieser Situation durch den Kopf geschossen sind, schildert der Todesschütze später im Prozess. Der Angeklagte gibt an, er sei nach dem tödlich verlaufenen Tatgeschehen völlig durcheinander gewesen und habe daran gedacht, sich zunächst seinen Töchtern zu offenbaren. Außerdem habe er sich letztlich nicht getraut, selbst zur Polizei zu gehen, weil er insbesondere nach dem Verbergen des Leichnams angenommen habe, dass man ihm nicht glauben werde, wie er die Tat erlebt hat. Schließlich habe er auch Angst davor gehabt, dass Personen aus dem Umfeld des Geschädigten ihn für die Tötung zur Rechenschaft ziehen könnten. Und die würden wohl keine Rücksicht auf eine juristische Bewertung nehmen, sondern sich von Wut und Trauer über den Verlust ihres Verwandten leiten lassen.

Alfredo M. entscheidet sich dafür, die Leiche lieber zu beseitigen.

Die Umstände sind günstig. Ein Ort drängt sich geradezu als Versteck für den Toten auf: In einem Nebenraum seines Lokals ist kurze Zeit vorher eine Grube ausgehoben worden für Pumpen für einen Fettabscheider. Dieses Loch ist einen Meter breit und einen Meter tief. Das perfekte Grab.

Am Morgen nach dem fatalen Schuss nimmt Alfredo M. dem toten Cincin das Handy ab, löst Sim-Karte und Akku heraus und zieht dann den Leichnam an den Knöcheln in die Grube. Sechs bis sieben Säcke Kalk und Zement schüttet er nun auf den Toten, der mit dem Gesicht nach unten liegt. Dann schrubbt der Gastwirt, so gut es geht, im Restaurant das Blut von Möbeln und Fußboden. Wenig später serviert er seinen Gästen wie gewohnt seine Spezialitäten.

Das klingt zugleich gruselig und auch scheinbar abgebrüht: Der Leichnam wird sorgfältig beseitigt, und das Leben geht weiter, als wäre nichts gewesen.

Einige Tage, nachdem Alfredo M. den Leichnam einbetoniert hat, verlegt er zur Tarnung einen neuen Fußboden in seinem Lokal. So sollen die restlichen Blutspuren restlos überdeckt werden. Aber genau das macht andere misstrauisch. Als auf der Facebook-Seite des Lokals am 7. Oktober 2015 steht: „Neuer Boden im Casa, kommt alle und überzeugt euch selbst“, taucht unter anderem ein Cousin des Opfers auf und fragt nach Cincin. Dieser ist ja seit Tagen im Stadtteil nicht mehr gesehen worden. Alfredo M. sagt nur: „Cincin war oft hier.“ Er behauptet nun, zuletzt seien Albaner im „Casa Alfredo“ aufgetaucht und hätten sich nach Cincin erkundigt – was aber nicht stimmt.

Überhaupt mehren sich nun die Hinweise, dass der Vermisste zuletzt in dem Restaurant war. Schließlich gehen Angehörige des 49-Jährigen zur Polizei und äußern den Verdacht, Alfredo M. könne etwas mit dem Verschwinden von Cincin zu tun haben.

Die Polizei nimmt daraufhin Ermittlungen auf. Eine Funkzellenabfrage zum Handy des Vermissten ergibt, dass dessen Mobiltelefon zuletzt im Bereich des Lokals „Casa Alfredo“ eingeloggt war. Daraufhin wird eine Telefonüberwachung des Handys von Alfredo M. vorgenommen – und schließlich nach einiger Zeit die

Durchsuchung des Restaurants am 18. November 2015 durchgeführt.

Die Ermittler haben Spürhund Chicco dabei, der prompt in dem Lokal anschlägt. Daraufhin gesteht Alfredo M., dass er den Schutzgelderpresser erschossen hat. Er erzählt, dass es während eines Kampfes und versehentlich geschehen sei – und aus Notwehr. Er verrät, wo genau er den Leichnam versenkt hat.

Und nun wird mit Bohrhämmern der Fußboden in dem Nebenraum des Lokals aufgestemmt und der Tote entdeckt. In seiner Kleidung werden noch gut 500 Euro Bargeld gefunden. Alfredo M. kommt in diesen Novembertagen in Untersuchungshaft, wird aber am 7. April des Folgejahres von der U-Haft verschont.

Das hat viele überrascht. Immerhin lautet die Anklage ja auf Totschlag. Es zeichnet sich aber bereits ab, dass zumindest ein minderschwerer Fall von Totschlag in Betracht kommt, der einen deutlich geringeren Strafrahmen vorsieht, oder dass der Angeklagte möglicherweise sogar in Notwehr gehandelt haben könnte.

Etwa fünf Wochen, nachdem der Angeklagte auf freien Fuß gekommen ist, beginnt der Prozess. Es ist der 11. Mai 2016. Der Angeklagte wirkt äußerlich weitgehend ruhig und gefasst. Allerdings ist ihm bei seiner Aussage anzumerken, wie sehr ihn das Tatgeschehen, die Vorgeschichte und die Angst vor Konsequenzen aus dem Umfeld des Getöteten noch beschäftigen. Den eigentlichen Schuss schildert er als Notwehrhandlung, weil Cincin ihn derartig bedroht habe, dass er sein Leben habe verteidigen müssen. Außerdem zeigt er Reue: Er fühle sich „schlecht und schuldig", sagt er.

Im Prozess werden viele Gastronomen aus der Nachbarschaft des „Casa Alfredo“ zu der Frage gehört, ob Cincin wirklich ein Erpresser gewesen ist. Dieses Bild bestätigt sich im Laufe der Beweisaufnahme für das Gericht. Es kommen auch immer mehr Zeugen aus dem Umfeld des Getöteten zu Wort. Sie erzählen, der Angeklagte habe das spätere Opfer als eine Art Bodyguard engagiert. Alfredo M. habe angeblich den Auftrag erteilt, seine frühere Lebensgefährtin zu überwachen und schwer zu verletzen. Konkret geht es darum, dass Alfredo M. angeblich wollte, dass man der Frau Säure ins Gesicht schütten solle. Es sind alles Aussagen, die den Angeklagten in ein schlechtes Licht rücken und ihn als sehr gefährlich und zu allem bereit darstellen sollen. Aber letztlich schenkt das Gericht ihnen keinen Glauben. Der Grund: Zum einen ist auffällig, dass keiner der Zeugen solche Behauptungen schon bei früheren Aussagen getätigt hat. Man sollte doch annehmen, dass man so etwas, wenn es denn stimmen würde, vielleicht schon mal bei der Polizei erzählt hätte. Außerdem seien die Zeugenaussagen wenig schlüssig, weitgehend unkonkret und darüber hinaus widersprüchlich gewesen.

In dem an ungewöhnlichen Details reichen Prozess gibt es eine weitere Besonderheit: einen Ortstermin im „Casa Alfredo“. Denn es erscheint dem Gericht wichtig, sich einen unmittelbaren Eindruck von den tatsächlich sehr beengten räumlichen Verhältnissen vor Ort zu machen. Damit soll eingeschätzt werden, wie glaubwürdig die Schilderung des Angeklagten vom eigentlichen Kampfgeschehen ist, bei dem es dann schließlich zum Schuss gekommen sei.

Es sollen ja im Verlauf der zunächst verbalen, aber schon bedrohlichen Auseinandersetzung ein Tisch und mindestens zwei Stühle umgefallen und dabei auch der Angeklagte und sein Kontrahent Cincin zu Boden gestürzt sein. Dabei sei dann die auf dem Tisch liegende Schusswaffe zu Boden gefallen. Nach diesem Ortstermin kommt die Kammer zu dem Schluss, dass sich der Kampf und die eigentliche Schussabgabe so abgespielt haben kann, wie Alfredo M. es geschildert hat.

Die Staatsanwaltschaft fordert schließlich für Alfredo M. drei Jahre und drei Monate Haft. Er sei schuldig des Totschlags in einem minder schweren Fall. Die Tat sei „eine Kurzschlussreaktion" gewesen, meint die Staatsanwaltschaft. Es ist also schon damit zu rechnen, dass es keine hohe Strafe geben würde. Aber das Urteil, das die Kammer dann am 31. August 2016 verkündet, überrascht doch viele. Denn es gibt einen Freispruch – mit der Begründung, dass der Angeklagte in Notwehr gehandelt habe. Was zunächst nach einem Verbrechen geklungen hat, dieser Schuss aus nächster Nähe, ist eher eine Verzweiflungstat gewesen, bewertet die Kammer das Geschehen.

Dass es die Tötung Cincins im Ergebnis als Notwehr wertet, begründet das Gericht so: Der Schuss des Angeklagten sei das letzte und einzig verbliebene wirksame Mittel für Alfredo M. gewesen, um den Angriff auf sein Eigentum, die Bedrohung seiner Töchter und insbesondere die eigene Lebensgefahr abzuwehren. Er war ja selber von Cincin mit dessen Pistole bedroht worden. Die Tat sei an der äußersten Grenze dessen, „was Notwehr noch abdeckt", erklärt der Vorsitzende Richter.

Bei ihrer Entscheidung beruft sich die Kammer auf die höchstrichterliche Rechtsprechung.

Demnach darf man einen gegenwärtigen rechtswidrigen Angriff nicht nur mit einem gleich intensiven Mittel abwehren, sondern man darf alles tun, um den Angriff endgültig und dauerhaft zu beenden. Man muss sich also nicht auf eine unklare Kampflage einlassen. Das kann im äußersten Fall dazu führen, dass man den Angriff unter Berücksichtigung „von Erforderlichkeit und Verhältnismäßigkeit" durch Tötung des Angreifers „abwehren und dauerhaft beenden" darf, wenn keine andere erfolgversprechende und mildere Möglichkeit mehr verbleibt. So verhält es sich nach Überzeugung des Gerichts im Fall „Casa Alfredo". Die Alternative ist gewissermaßen: er oder ich? Der auf Notwehr gestützte Freispruch des Angeklagten wird später vom Bundesgerichtshof bestätigt.

Unmittelbar nach der Urteilsverkündung gibt es aber zunächst einen heftigen Tumult im Gerichtssaal. Die Angehörigen des Toten sind vollkommen entsetzt über den Freispruch. Es wird laut und in gewisser Weise bedrohlich. Die Stimmung ist aufgeheizt. „Mörder. Die glauben einem Mörder!" Die Familie von Cincin lässt ihrer Wut freien Lauf.

Ein Angehöriger hämmert mit den Fäusten gegen die Sicherheitsscheibe und brüllt: „Glaubst du, dass das schon alles ist, dass es zu Ende ist?" Die Beamten haben alle Hände voll zu tun, die Menge zu bändigen.

Mit dem Tumult geht es noch weiter, quer durch das Gerichtsgebäude: Etliche Familienmitglieder rennen durch den geöffneten Nebeneingang – offenbar, um sich den gerade Freigesprochenen zu schnappen. Es wirkt wie ein entfesselter Mob. Polizisten und Justizbedienstete laufen hinterher und fangen die aufgebrachten Personen im Erdgeschoss ab. Gleichzeitig bringen Polizisten Alfredo M. in Sicherheit.

Das Gericht hat es in gewisser Weise vorausgesehen, dass es bei manchen Menschen, insbesondere den Angehörigen des Opfers, Unverständnis für das Urteil geben könnte. Und genau darauf ist der Vorsitzende Richter in der Urteilsbegründung auch eingegangen. „Für manchen mag das Urteil vielleicht überraschend oder schwer nachvollziehbar erscheinen“, sagt der Richter. Aber er betont, dass die Tat eben an der Grenze des in einer Notwehrsituation gerade noch Erlaubten liege. An die Adresse des Angeklagten gerichtet, sagt der Vorsitzende, dass Alfredo M. einen Fehler begangen habe, weil er nicht rechtzeitig zur Polizei gegangen ist.

„Wir sind nicht sicher, dass alles sich genau so zugetragen hat, wie Sie es geschildert haben“, führt der Richter weiter aus. „Aber es spricht mehr dafür als dagegen.“ Die Beseitigung der Leiche sei absolut unwürdig und stelle für die Angehörigen „eine zutiefst verletzende und nahezu unerträgliche Zumutung“ dar, so der Richter weiter. Allerdings sei die Überlegung des Angeklagten zum Verbergen der Leiche in gewisser Weise nachvollziehbar gewesen. Entscheidend ist: Die Kammer ist davon überzeugt, dass Alfredo M. den Schuss in einer „unübersichtlichen Kampfsituation“ als letztes ihm in diesem Augenblick verbleibendes Abwehrmittel abgegeben hat.

Jahre später, als der Vorsitzende in Pension geht, sagt er etwas, was auf nicht wenige Angeklagte zuzutreffen scheint – und ganz bestimmt auf den Wirt des „Casa Alfredo“: „In den meisten Fällen sitzt auf der Anklagebank nicht der Killertyp.“ Das sei eine Erkenntnis, die er aus vielen Verhandlungen in seinen dreizehn Jahren als Vorsitzender Richter am Schwurgericht gewonnen habe. „Natürlich gibt es auch die brutalen, kaltherzigen und berechnenden Mörder. Aber oft haben wir es mit Menschen zu tun, die nicht in dieses Klischee passen. Ich will nicht so weit gehen zu sagen, dass jeder zum Mörder werden kann. Das ist natürlich nicht so. Doch fast jeder kann in Grenzsituationen geraten, in denen er sich so verhält, wie er es selber kaum für möglich gehalten hätte.“

DIE WAFFE VON KÖNIGEN UND HELDEN

Der Mann ahnt nicht, dass er in Lebensgefahr schwebt. Gerade hat er eine ausgiebige Mahlzeit eingenommen, nach einer strammen Wanderung durch die Berge, als sich sein Feind heimlich von hinten heranpirscht. Der Verfolger spannt seinen Bogen, visiert sein Ziel an und schießt. Ein Pfeil sirrt durch die Luft und trifft den arglosen Mann in der linken Schulter. Für das Opfer fühlt es sich im ersten Moment wie ein Schlag an. Dann spürt er einen brennenden Schmerz. Keuchend fällt er zu Boden.

Mehr als fünftausend Jahre liegt dieses Verbrechen mittlerweile zurück. Es ist ein Mord, der bis heute Rätsel aufgibt. Und zugleich gibt es kaum einen Fall, zu dem über viele Jahre so intensiv geforscht wurde. Ötzi, die Gletschermumie aus den Ötztaler Alpen, ist einer der berühmtesten Toten weltweit. Noch immer ist nicht eindeutig geklärt, wie das Opfer genau umgekommen ist. Sein Mörder? Unbekannt. Doch eines ist ohne Zweifel nachgewiesen: Ötzi wurde hinterrücks von einem Pfeil getroffen. Die Spitze blieb in seiner Schulter stecken. Sie besteht aus Feuerstein, an ihrem Ende befinden sich Widerhaken. Es ist eine mit großer Sorgfalt gefertigte Waffe. Ein Instrument zum Töten.

Wer sich mit dem Tod durch Pfeile beschäftigt, stößt auf etliche spannende Fälle von der Frühzeit bis heute. Mit diesen Waffen wurden Kriege entschieden, Könige getötet, Suizide begangen, dramatische Unglücke ausgelöst und heimtückische Morde verübt. Selbst in der Religion spielen Attentate mit Pfeilen eine Rolle. Der römische Soldat Sebastian, der später als Heiliger verehrt wurde, sollte aufgrund seines christlichen Glaubens durch Bogenschützen exekutiert werden. Er überlebte schwer verletzt. Sein mit Pfeilen übersäter Körper ist auf vielen Gemälden verewigt.

Auch von Ötzi gibt es etliche Darstellungen. Die Originalmumie ist gut konserviert in einer Kühlkammer im Südtiroler Archäologiemuseum in Bozen verwahrt, bei konstant minus 6 Grad und einer Luftfeuchtigkeit von 97-98 Prozent, umgeben von Eis. So soll bei dem Gletschertoten, der im Jahr 1991 durch einen glücklichen Zufall von Wanderern entdeckt wurde und dessen Tod durch die Radiokarbonmethode auf die Zeit zwischen 3.359 und 3.105 v. Chr. datiert wurde, das Austrocknen verhindert werden. Bis heute gilt Ötzi als die am besten erhaltene Gletschermumie weltweit.

Wissenschaftliche Untersuchungen haben ergeben, dass der Mann, der vermutlich etwa 40 Jahre alt wurde, möglicherweise an einem Schädeltrauma verstarb. Dem vorangegangen ist die Verwundung durch eine Pfeilspitze, die in sein Schulterblatt eindrang. Dass es sich um die Waffe eines Verfolgers handelt, ergibt sich daraus, dass sich die Spitze von den beiden erhaltenen Pfeilspitzen aus Ötzis Köcher durch eine gedrungenere Form unterscheidet.

Die Pfeilspitze verursachte beim Eindringen in den Körper einen etwa zwei Zentimeter großen Defekt im linken Schulterblatt und verletzte die rückseitige Wand der linken Unterschlüsselbeinarterie. Dies konnte mithilfe einer Multislice-Computertomografie nachgewiesen werden. Eine der wahrscheinlichsten Theorien ist, dass Ötzi durch die Verletzung so geschwächt war, dass er stürzte und sich das Schädelhirntrauma zuzog. Es gibt aber auch andere Theorien, von denen keine zweifelsfrei ausgeschlossen werden kann: Der Tod könnte unmittelbare Folge der arteriellen Blutung oder der Verletzung einer Vene sein.

Ein abschließender, sicherer Nachweis, welche dieser Theorien die richtige ist, steht bis heute aus.

Eindeutige Erkenntnisse gibt es indes in einem spektakulären Fall aus jüngster Vergangenheit, der der Polizei zunächst viele Rätsel aufgegeben hat. Es ist der 11. Mai 2019, als Mitarbeiter einer Pension im bayerischen Passau drei Tote finden. In den Leichen der beiden 30 und 33 Jahre alten Frauen sowie des 53 Jahre alten Mannes stecken Armbrustpfeile. Drei entsprechende Waffen werden sichergestellt. Ermittlungen ergeben, dass die 30-Jährige zunächst die beiden anderen Personen getötet und dann die Waffe gegen sich selbst gerichtet hat. Die beiden Opfer waren zuvor mit K.-o.-Tropfen betäubt worden. Insgesamt stuften die Ermittler die Tat als Tötung auf Verlangen beziehungsweise Suizid ein.

In der Wohnung der 30-Jährigen in Wittingen im Landkreis Gifhorn fand die Polizei wenig später zwei weitere Frauenleichen. Auch hier stellte sich anhand von Untersuchungen heraus, dass es sich um Selbsttötungen handelte. Analysen des Blutes der Opfer ergaben, dass die Frauen einen tödlichen Medikamentencocktail zu sich genommen hatten.

Die fünf Toten gehörten den Ermittlern zufolge zu einer sektenähnlichen Gruppe, die der 53-Jährige um sich geschart hatte. Sie sahen sich, so die Nachforschungen, als „Welterneuerer und Welterschaffer". Ihrer Meinung nach wurden sie schon mehrfach wiedergeboren. Die Toten hätten das „Dasein" verlassen, „um an anderem Ort oder zu anderer Zeit eine neue Welt oder ein neues System zu erschaffen".

Auch in der Hamburger Rechtsmedizin sind eine Reihe von tödlichen und anderen nicht letalen Pfeilschüssen untersucht worden. Meist handelte es sich um Verletzungen mittels Armbrust, entweder als Unfall beim Hantieren mit der Waffe oder als bewusste Selbstverletzung. Außerdem gab es zwei Tötungsdelikte.

Im ersten Fall wurde ein 54 Jahre alter Mann auf offener Straße niedergeschossen. Der Täter war ein emotional instabiler 25-Jähriger, der sich seine Armbrust neun Monate zuvor zur Freizeitgestaltung gekauft hatte.

Als er in seiner Partnerschaft Probleme bekommt, die Beziehung zerbricht und er außerdem reichlich Alkohol und Cannabis konsumiert, wird die Armbrust zur tödlichen Waffe. Als Erstes schießt er völlig grundlos mit der Armbrust auf seine Großmutter. Glücklicherweise verfehlt er sie. Danach feuert er Pfeile auf ein Motorrad ab. Schließlich setzt sich der junge Mann ins Auto und fährt zum Haus seiner Mutter. Unterwegs sieht er auf der Straße zwei Männer, die ihm völlig unbekannt sind. Spontan entschließt er sich, einen von ihnen zu töten. Aus dem Auto heraus schießt er einem der Männer ins Gesicht. Das 54 Jahre alte Opfer stürzt sofort zu Boden und verstirbt eine halbe Stunde später.

Die Tatwaffe ist eine Armbrust Barnett Commando mit diversen Spezialkonstruktionen, unter anderem mit einem Zielfernrohr. Das Abzugsgewicht beträgt 220 Pfund. Der abgeschossene Jagdpfeil hat eine dreifiedrige Spitze.

Der Einschuss im Gesicht des Opfers lag unterhalb des linken Auges. Der Pfeil stand noch weit aus dem Kopf heraus. Die Pfeilspitze hatte den Gesichtsschädel penetriert, den Hirnstamm und eine Wirbelschlagader verletzt. Die Länge des Schusskanals betrug insgesamt 14 Zentimeter, er endete in der Nackenmuskulatur.

Der Täter wurde zu einer Gefängnisstrafe von neun Jahren verurteilt.

Im zweiten Tötungsdelikt waren die Tatortsituationen und der Ablauf des Geschehens zunächst unklar. Ein 39-jähriger Mann wurde in der Nähe einer größeren Straße tot aufgefunden, ohne jeglichen Hinweis auf einen Pfeil oder eine Schusswaffe am Leichnam oder in der näheren Umgebung.

Nach Angaben von drei Zeugen wurde der Schuss mit der Armbrust aus einer Entfernung von wenigen Metern abgegeben. Später stellte sich heraus, dass

Täter, Opfer und ebenso die Zeugen in einen Drogendeal verwickelt waren. Das Opfer war, nachdem es den Pfeil in die Brust bekommen hatte, noch kurze Zeit handlungsfähig und versuchte zu fliehen. Der 39-Jährige zog den Pfeil noch selbst aus der Wunde.

Auch in diesem Fall handelt es sich bei der Tatwaffe um eine Armbrust Barnett Commando. Hier betrug das Abzugsgewicht 160 Pfund. Auch diese Waffe hatte ein Zielfernrohr. Der später aufgefundene Jagdpfeil war 47 cm lang. Die kinetische Energie betrug 46 Joule.

Die Schussverletzung lag links am Brustkorb. Die Pfeilspitze hatte drei Lagen Kleidung durchdrungen, bevor sie sich in der Nähe der linken Brustwarze in den Körper des Opfers bohrte. Der Schusskanal verlief durch den 5. Zwischenrippenraum, perforierte den linken Lungenflügel und ging dann durch den 9. Zwischenrippenraum. In der Rückenhaut befand sich eine geringfügige Austrittswunde im Bereich der Pfeilspitze. Sie maß lediglich zwei mal ein Millimeter. Hier war das Unterhemd gering angeritzt. Todesursache war ein Verbluten nach innen, in die linke Brusthöhle; hier fanden sich 1,9 Liter Blut.

Als Täter wurde ein 19-Jähriger ermittelt, der selbst Drogenhändler war. Er erhielt die Höchststrafe, die nach dem Jugendrecht für einen Heranwachsenden seinerzeit möglich war: zehn Jahre Gefängnis wegen Mordes.

Die weiteren in der Hamburger Rechtsmedizin untersuchten Verletzungen durch Pfeilschüsse waren zum Teil recht bizarr. Eine davon betrifft einen 31-jährigen Sportschützen, der einen Schuss aus seiner Armbrust auslöste, als er die Waffe gerade reinigte. Der Mann war zunächst bewusstlos. Man fand ihn erst einen Tag später. Zu dieser Zeit war er wieder bei Bewusstsein und konnte den Ablauf schildern. Es gab keinerlei Hinweise auf suizidale Absichten.

Der Eintrittspunkt des Pfeils lag im Bereich des rechten Augenoberlids. Der Schusskanal verlief durch die rechte Augenhöhle und in der Schädelhöhle zwischen den beiden großen Hemisphären, wobei Hirnregionen der rechten Großhirn-Hemisphäre verletzt wurden. Die Pfeilspitze war im Bereich der inneren Knochentafel am Hinterkopf stecken geblieben.

Der Mann wurde ins Krankenhaus gebracht. Mit dem Pfeil im Schädel wurde er geröntgt, danach wurde der Pfeil neurochirurgisch entfernt. Bei dem 31-Jährigen blieben nur geringe neurologische Restschäden zurück.

Wenn man über Pfeil und Bogen sinniert, ziehen vor dem geistigen Auge Szenen aus ganz verschiedenen Zeiten vorüber. Neben Pfeilspitzen aus der Eisenzeit und indigenen Völkern, die mit Blasrohren und Giftpfeilen auf die Jagd gehen, denken wir an amerikanische Ureinwohner im Wilden Westen, die auf Büffel anlegen oder sich gegen Eindringlinge aus Europa wehren.

Der Geheimagent Rambo, einem breiten Publikum aus der Blockbuster-Reihe bekannt, agiert selbst im Vietnamkrieg noch mit technisch aufgerüsteten, sehr präzisen und vor allem lautlosen Tötungswerkzeugen in Form von Pfeil und Bogen.

Eine andere Persönlichkeit – noch legendärer als Rambo und dazu noch historisch verbürgt –, deren

Schicksal mit dem Pfeil eng verknüpft ist, ist Richard Löwenherz. Der Mann, der von 1189 bis zu seinem Tod am 6. April 1199 als Richard I. König von England war, starb an den Folgen eines Schusses aus einer Armbrust. Nachdem er am 26. März 1199 von einem Pfeil getroffen wurde, konnte ein Arzt lediglich den Bolzen herausschneiden. Zehn Tage später erlag der König seiner Verletzung, den Folgen des Wundbrands. Richard gehört zu den wenigen mittelalterlichen Herrschern, die als anerkannter König ihr Leben im Kampf verloren.

Das Leben eines weiteren späteren Herrschers war durch einen Pfeilschuss ernsthaft bedroht, konnte aber durch einen genialen Arzt gerettet werden. Prince Henry, der eines Tages als Henry V. über England herrschen sollte, wurde im Jahr 1403 als 16-Jähriger während der Schlacht von Shrewsbury durch den Pfeil eines Langbogens in den Kopf getroffen. Historischen Überlieferungen zufolge steckte die Spitze knapp unterhalb des rechten Auges fünf bis sechs Inches tief im Gesicht des Opfers, also 15 bis 18 Zentimeter. Das Gehirn war wie durch ein Wunder nicht betroffen.

Mehrere Gefolgsmänner versuchten, den Pfeil zu entfernen, konnten jedoch nur den Schaft abbrechen. Die Spitze blieb stecken. Dann trat John Bradmore auf den Plan, Metallarbeiter und Chirurg im Dienste der Krone seit 1399. Er verbreiterte die Wunde nach und nach mithilfe von Sonden, und mit einer speziellen Zange und einer kleinen Schraube, die durch die Zange geschoben wurde, drang er bis zur Hülse des Pfeiles vor. Nun konnte er den Pfeil durch vorsichtiges Bewegen aus der Wunde lösen und schließlich herausziehen.

Diese Prozedur musste Prince Henry ohne jede Betäubung ertragen. Es gab seinerzeit schlicht nichts, was den Schmerz hätte lindern können. Die Qual muss erheblich gewesen sein. Doch die Mühen wurden belohnt. Nachdem Chirurg Bradmore die Wunde mit einer Lösung unter anderem aus Weißwein, Honig und Terpentin gereinigt und desinfiziert hatte, wurde der Prinz vollständig gesund. Es ist allerdings sehr wahrscheinlich, dass der spätere König Henry V. eine erhebliche Narbe zurückbehielt. Ein Porträt, das einige Zeit danach entstand, zeigt ihn im Profil, die unversehrte linke Seite dem Betrachter zugewandt.

Zum Sieg des legendären Normannenherzogs Wilhelm der Eroberer in der berühmten Schlacht von Hastings im Jahr 1066 hat ebenfalls nicht zuletzt ein Pfeil beigetragen. Die Schlacht vom 14. Oktober gilt als erster militärischer Erfolg der französischen Normannen bei der Eroberung Englands. Das Heer unter Wilhelm dem Eroberer besiegte die Angelsachsen unter ihrem König Harald II. Nachdem stundenlange Nahkämpfe keinen entscheidenden Erfolg für eine der beiden Parteien gebracht hatten, leistete nur noch Harald II. mit seinen besten Gefolgsleuten ernsthaft Widerstand gegen die immer stärker angreifenden Normannen. Schließlich traf ein Pfeil den König. In mehreren Quellen heißt es, er sei direkt im Auge getroffen worden, doch das ist nicht verbürgt. Klar ist aber, dass sein Tod die ohnehin demotivierten Angelsachsen so weit schwächte, dass die Normannen schließlich obsiegten.

Pfeil und Bogen fanden natürlich auch ihren Weg in die Literatur. Einer der besten Romane des Kriminalschriftstellers Edgar Wallace ist „Der grüne Bogenschütze“. Die deutsche Verfilmung des 1923 erschienenen Romans erfolgte 1960/61 in Hamburg und Schleswig-Holstein durch den Regisseur Jürgen Roland. Viele bekannte Schauspieler haben mitgewirkt, unter anderem Karin Dor, Helga Feddersen, Klausjürgen Wussow, Wolfgang Völz, Gerd Fröbe und Eddi Arent. Der ganz grün gekleidete Rächer verschießt grüne Pfeile und tötet damit mehrere Menschen und einen Hund.

Die Existenz Robin Hoods, des Virtuosen mit Pfeil und Bogen, als reale historische Figur ist nirgendwo nachvollziehbar belegt. Robin Hood ist vielmehr der zentrale Held mehrerer spätmittelalterlicher bis frühneuzeitlicher englischer Balladenzyklen, die sich im Laufe der Jahrhunderte in die heutige Sage formten. Im Laufe der Zeit wird Robin Hood zum Nationalhelden. Er wird immer positiver als Kämpfer gegen eine ungerechte, ausbeuterische Obrigkeit dargestellt, zugleich als Vorkämpfer für soziale Gerechtigkeit, der den Reichen etwas nimmt, um es den Armen zu geben. Ein Denkmal vor dem Schloss in Nottingham zeigt Robin Hood als kraftvollen Bogenschützen mit einem Langbogen.

Legendär ist auch der sogenannte Robin-Hood-Schuss. Hierbei wird ein bereits feststeckender Pfeil zielgenau durch einen zweiten Pfeil getroffen und aufgespleißt. Robin Hood wurde zum besten Schützen überhaupt hochstilisiert. Sein Bogen wurde zur Superwaffe gegen die bösen Schergen, die ihn eigentlich zur Strecke bringen sollten.

Der englische Feldmarschall und Kriegshistoriker Montgomery beschreibt diese Waffe folgendermaßen:

Die englischen Langbögen waren 193 cm hoch, ihre Zugkraft beim Spannen betrug etwa einen Zentner. Üblicherweise wurden sie aus Eiben- oder Ulmenholz geschnitzt. Der Pfeil war 94 Zentimeter lang. Bis auf 240 Meter Entfernung ließ sich ein gezielter Schuss abgeben. Mit einem solchen Bogen konnten etwa zehn Schuss pro Minute abgegeben werden.

Durch die technische Sonderform der Armbrust setzte sich ein anderer Freiheitsheld des Mittelalters gegen die drückende Last der Obrigkeit durch: Wilhelm Tell. Die Geschichte des legendären Schweizer Nationalhelden wird auf das Jahr 1307 datiert. Friedrich Schiller verfasste in seiner späten Schaffensphase das berühmte gleichnamige Bühnenwerk „Wilhelm Tell". Doch die historische Existenz des Nationalhelden Tell wird heute von den Wissenschaftlern einhellig als „sagenhaft" eingestuft.

Nichtsdestotrotz posiert der Freiheitsheld beispielsweise auf dem Tellenbrunnen in Schaffhausen mit seiner Armbrust. Das Motiv des sogenannten Apfelschusses ist mehreren alten, sehr einprägsamen Sagen gemeinsam. Sie stimmen darin überein, dass der Held einen Apfel vom Kopf seines Kindes zu schießen hat. In allen Sagen gelingt dieser Meisterschuss.

Die Armbrust hatte als Waffe in Kriegszeiten einen gewissen Nachteil. Mit ihr ließen sich höchstens zwei Schuss pro Minute abfeuern, allerdings mit einer hohen Zielsicherheit und enormer Durchschlagskraft.

Die Armbrust stellt einen schwereren, horizontal auf ein Gestell montierten Abkömmling des Bogens dar. Dies ermöglichte im Mittelalter die Konstruktion von schweren Waffen. Heute werden Armbrüste in unterschiedlichen Größen einschließlich kleiner Pistolenarmbrüste hergestellt.

Der Pfeilschaft wurde traditionell aus Holz gefertigt, die Befiederung aus Federn von Gänsen oder Raubvögeln. Heute werden als Schaftmaterial Aluminium- oder Carbonrohre verwendet. Statt Federn werden Kunststoffe verarbeitet. Die Pfeilspitzen wurden früher je nach Entwicklungsstand aus Holz, Stein, Glas, Knochen oder Metall hergestellt. In neuerer Zeit werden Stahlspitzen verwendet. Beim Field-Tip, also beim Schießen auf Scheiben, hat die Spitze eine konische bis stumpfe Form, ähnlich einem Kegelstumpf, und wird zum Scheibenschießen verwendet. Bei den Broad-Head-Spitzen gibt es zwei oder mehr rasierklingenartige Metallblätter, die von einem zentralen Schaft radiär abstehen und nach vorne im Bereich der Schneidefläche spitz zulaufen.

Eine der Armbrust vergleichbar konstruierte Jagdwaffe ist die Harpune. Die Harpune war zunächst ein mit Widerhaken ausgestatteter Wurfspieß oder Speer, der bei der Jagd auf Fische und beim Walfang verwendet wurde. Die Widerhaken verhinderten, dass die aufgespießten Tiere wieder vom Speer rutschten und verloren gingen.

Die Bandbreite der Harpune reicht vom einfachen Holzspeer mit Widerhaken bis zur Stahlharpune mit kürzerem Schaft und einer langen Leine oder einem Stahlseil zum Einholen der Beute. Kleine Harpunen für die Unterwasserjagd werden heute aus gewehrähnlichen oder pistolenartigen Vorrichtungen abgeschossen, während Harpunen für die Waljagd von Kanonen abgefeuert werden, die fest auf Schiffen montiert sind.

Harpunen weisen Ähnlichkeiten mit Pfeil und Bogen auf. Sie besitzen heute einen aufpumpbaren Pressluftzylinder. Die Harpune wird gegen den Druck der komprimierten Luft von der Mündung her geladen. Im Nahbereich können Harpunen tief in den Körper eindringen und potenziell tödliche Verletzungen verursachen.

In der Literatur erlangte die Harpune durch „Moby Dick", den 1851 erschienenen Roman des amerikanischen Schriftstellers Herman Melville, Berühmtheit. Das erzählerische Zentrum des Romans ist die schicksalhafte Fahrt des Walfangschiffers Pequod. Kapitän Ahab will Moby Dick, den weißen Wal, der ihm ein Bein abgerissen hat, erlegen. Doch der Treffer, der ihm schließlich gelingt, besiegelt zugleich das Schicksal des Kapitäns. Er wird von der auslaufenden Harpunenleine erfasst und von dem abtauchenden Wal ins tiefe Wasser gezogen. Was für ein dramatisches Ende!

PFEILSCHUSSVERLETZUNGEN

In der Entwicklung von Distanzwaffen folgten Bogen und Armbrust auf den Speer und werden dann erst vor einigen hundert Jahren sukzessive durch Schusswaffen abgelöst. Mehr als 10 000 Jahre lang waren Pfeil und Bogen die effektivste Distanzwaffe. Die Armbrust konnte den Bogen aufgrund der langsamen Schussfolge nie verdrängen.

Auch wenn diese Waffen heute veraltet erscheinen: Für sportliche und jagdliche Zwecke, aber auch in Bürger- und Stammeskriegen finden sie immer noch Verwendung. Die zunehmende Popularität der Bogenjagd in den USA und anderen Staaten führte dazu, dass ein Teil der Jagdunfälle durch Pfeile verursacht werden. In Deutschland ist die Bogenjagd verboten.

Diese Waffen können allerdings unter Berücksichtigung einer Altersbeschränkung ohne weitere gesetzliche Auflagen erworben werden. Die beträchtliche Verbreitung von Bögen und Armbrüsten führte zu einer relevanten Anzahl von klinischen und forensischen Fallberichten. Die verschiedenen Formen der Pfeilspitzen führen zu charakteristischen Verletzungen.

Es können drei Arten von Bögen unterschieden werden: der Langbogen (als Prototyp des mittelalterlichen Bogens, der insbesondere von englischen Heeren eingesetzt wurde), der Recurve-Bogen und der Compound-Bogen.

Beim Recurve-Bogen sind die Enden der Schaftarme entgegen der Zugrichtung gebogen. Dadurch kann dieser Bogen mehr Energie speichern. Es sind handlichere Bogenkonstruktionen für Reiter möglich.

Der Compound-Bogen benutzt ein System von Rollen ähnlich einem Flaschenzug, wovon die Sehne während des Ausziehens abgewickelt wird. Am Ende der Ausziehbewegung wird dadurch eine Reduktion der erforderlichen Kraft erreicht, was wiederum ein bequemes und sicheres Zielen erleichtert.

Was immer zu bedenken ist: Als Spielzeug können sowohl Pfeil und Bogen als auch Armbrust und Harpune unter Umständen sehr gefährlich werden.

Das außenballistische Verhalten von Pfeilen ist exzellent. Aufgrund der langgestreckten Form hat der Pfeil einen relativ geringen Luftwiderstand. Dadurch ist die Reichweite von Langbögen relativ groß (mehr als 200 Meter), die von konventionellen Compound-Bögen beträgt sogar mehr als 400 Meter. Die schräge Stellung der Befiederung am Heck verleiht dem Pfeil eine Rotation um die Längsachse von circa fünf bis zehn Umdrehungen. Dadurch erhöht sich die Schusspräzision.

Pfeile dringen unterschiedlich tief in einen Körper ein. Der Eindringmechanismus kann als eine Kombination aus Stechen und Schneiden angesehen werden. Der spaltende Penetrationsmechanismus bedingt eine glatte und oft schlitzartige Wundmorphologie. Die Pfeilspitze und der Schaft können als eine inkomplette Tamponade des Wundkanals fungieren, wenn der Pfeil im Körper stecken gelassen wird. Dies wird auch für Erste-Hilfe-Maßnahmen entsprechend empfohlen.

Knochentreffer führen zu einer deutlichen Reduktion der Eindringtiefe von Pfeilen. Glatte Knochen wie Rippen oder auch Gesichtsknochen werden von üblichen Pfeilspitzen durchschlagen. Die Pfeilspitze kann so tief und fest im Knochen stecken, dass eine Extraktion sogar mit Zangen schwierig ist. Empfohlen wird deswegen in aller Regel ein chirurgischer Eingriff mit Freilegen der Pfeilspitze und offener Entfernung derselben.

Harpunen weisen Ähnlichkeiten mit Pfeil und Bogen auf. Harpunengeräte besitzen einen aufpumpbaren Pressluftverbinder. Im Nahbereich können Harpunen tief in den Körper eindringen und potenziell tödliche Verletzungen verursachen. Auch Spielzeugharpunen sind nicht ungefährlich.

Mit der Elektroschockpistole Taser können aus einer Distanz von maximal sechs Metern zwei kleine Pfeile abgefeuert werden, die durch dünne Drähte mit dem Gerät verbunden bleiben und so den Stromfluss aufrechterhalten. Die hohe Spannung führt zu kurzfristigen Lähmungen und sehr starken Schmerzen. Dadurch stürzt die betroffene Person zu Boden. – Taser werden überwiegend im Polizeieinsatz verwendet. Das Einsatzziel ist eine Deeskalation, indem eine aggressive Person kurzfristig außer Gefecht gesetzt wird.

Etwas kurios ist die Herkunft der Bezeichnung Taser. Sie geht auf den 1911 erschienen Roman „Tom Swift and His Electric Rifle" zurück. Der Wissenschaftler, Testpilot und Erfinder Jack Cover entwickelte später den Distanz-Elektroschocker. Er gab ihm die Bezeichnung Taser als Kurzform für „Tomas Swift's Electric Rifle".

Prof. Klaus Püschel: „Mit Taser-Wirkungen kenne ich mich persönlich gut aus, da ich mich bei einer praktischen Übung mit dem Mobilen Einsatzkommando auch einem Taser-Treffer ausgesetzt habe. Das war eine Erfahrung der besonderen Art. Sehr schmerzhaft. Verbunden mit einem sofortigen Umstürzen, bei dem ich von zwei neben mir stehenden Polizeibeamten allerdings weich aufgefangen wurde."

WIE AUS EINEM SCHLECHTEN KRIMI

„Mucki". Das klingt so niedlich. Ein Spitzname, gleichermaßen bei Mensch und Tier beliebt. Die Bedeutung liegt bei klein und frech, liebenswert. Und absolut harmlos.

Den Spitznamen „Mucki" für Werner Pinzner muss man rückblickend als unfassbar zynisch ansehen. Denn Werner „Mucki" Pinzner war so wenig nett und harmlos, wie es nur irgend geht. Er war ein eiskalter Mörder. Einer, der für Geld tötet. Für ihn war sein Dasein als Auftragskiller „ein Job wie jeder andere. Das Arbeitsamt hatte ja doch nichts für mich", schrieb er einst. Menschenverachtender geht es kaum.

Doch es gab zumindest einen Menschen, der diesem Mörder huldigte, als wäre er das großartigste Wesen überhaupt. Seine zweite Ehefrau Jutta bezeichnete ihn so, wie es ihm besonders gefiel: „Du bist mein Gott."

Was für eine teuflische Verblendung!

Denn es gibt in Hamburg wohl niemanden, der mit voller Absicht zerstörerischer agiert hat. Der Mann, der als „St. Pauli-Killer" bekannt und vor allem berüchtigt wurde, hat etliche Menschenleben auf dem Gewissen, alle ausgelöscht mit gezielten Schüssen. Und er war stolz darauf. „Ich bin der Eliminator. Alle haben Angst vor mir“, tönte der 39-Jährige, der sich auch als „Killer der Nation“ gefiel. Acht Auftragsmorde habe er ausgeführt, erzählte er. Am Ende kamen zwei weitere Verbrechen hinzu – und sein blutiger Suizid.

Werner „Mucki“ Pinzner hat seinen Abgang als Showdown inszeniert. Die Schockwelle, die seine finalen Taten auslösten, wirkte noch lange nach. Denn seine letzten Morde verübte er im Allerheiligsten der Polizei, dem Präsidium. Dort erschoss er seine Frau, einen Staatsanwalt und schließlich sich selbst. Es waren Verbrechen, die die Metropole erschütterten und auch zu einem politischen Beben führten. Zwei Senatoren der Stadt traten wenig später zurück. Vermutlich hätte dem St. Pauli-Killer besonders gefallen, welche Tragweite seine Morde hatten. Er hielt sich ohnehin für den Größten.

Werner Pinzner war ein Mann, der in einer unglaublich narzisstischen Weise von der Macht überzeugt war, die ihm eine Schusswaffe in die Hand gab. So hielt er sich nicht nur für unüberwindlich, sondern auch für unwiderstehlich. Sein steter Begleiter bei seinen Verbrechen war ein Arminius-Revolver vom Kaliber 38 spezial. Wohl kaum ein anderer Profikiller hätte dieselbe Waffe mehr als einmal verwendet, denn die abgefeuerten Projektile sind beinahe so charakteristisch wie ein Fingerabdruck. Pinzner hingegen hinterlegte an jedem Tatort gleichsam seine Visitenkarte.

Die blutige Spur, die Pinzner hinter sich her zieht, führt in der Zeit zwischen Juli 1984 bis April 1985 von Kiel bis München, einmal durch ganz Deutschland. Er profitiert davon, dass mörderische Dienstleistungen in jener Zeit hoch gefragt sind. Und seine Auftraggeber finden es nützlich, dass sie in ihm einen zu allem bereiten Killer haben. Es ist eine Win-win-Situation der ganz eigenen Art.

Die Zuhälter im Rotlichtviertel von St. Pauli sind in der Zeit von Pinzners Morden bundesweit aktiv und betreiben oder unterstützen vielerorts Bordelle. Gleichzeitig beginnt sich im Hamburger Rotlichtviertel neben den deutschen Zuhältern internationale Konkurrenz auszubreiten. Der Journalist und Schriftsteller Dagobert Lindlau spricht in seinem Buch „Der Lohnkiller – ein Fall aus dem Organisierten Verbrechen", in dem er die Taten des Auftragsmörders analysiert, allgemein vom „Mob". Zunehmend werden auch andere illegale Aktivitäten wie Waffenhandel, Hehlerei und vor allem Rauschgifthandel zur lukrativen Einnahmequelle.

Entlang der Hamburger Herbertstraße, am Hans-Albers-Platz und an der Reeperbahn bilden sich mehrere Gruppen von Zuhältern, die um Einfluss ringen. Da ist zum einen eine etablierte Gruppe, die im Handumdrehen ein Imperium mit Hunderten Prostituierten aufbaut: die sogenannte GMBH. Der Name hat nur insoweit mit einer Unternehmensorganisation zu tun, als die tätigen Zuhälter außerordentlich geschäftsbewusst und recht strukturiert vorgehen. Tatsächlich ist GMBH jedoch ein Akronym aus den Namen der Gründungsmitglieder der Zuhälterorganisation, deren vier Manager rund 120 weitere Zuhälter beschäftigen und mehr als 200 000 Mark monatlich erwirtschaften.

Bei ihren Geschäften steht die GMBH in direktem

Wettbewerb zur Nutella-Bande. Diese verdankt ihren Namen der Herablassung ihrer älteren Rivalen, die meinen, die Jüngeren sollten mehr Nutella-Brote essen, um erst mal groß und stark zu werden. Ob mit oder ohne süßen Brotaufstrich: Die Nutella-Bande gewinnt zunehmend an Einfluss. Und dann sind da auch noch die Geldeintreiber der Hells Angels. Jede dieser Gruppen will sich möglichst viel vom Kuchen abschneiden, vom großen Geld, das mit Prostitution und Drogen zu verdienen ist. Es entsteht ein erbitterter Machtkampf.

Konkurrenz belebt bekanntlich das Geschäft. Und im Fall der rivalisierenden Zuhälterbanden ist es vor allem Werner Pinzner, der von dem Ringen um die lukrativsten Deals profitiert. Denn seine Dienste sind plötzlich gefragt. Diskrete Auftragsmorde, zuverlässig ausgeführt, kalt. Für seine Auftraggeber aus der Hamburger Rotlichtszene ist Pinzner ein willfähriges Werkzeug. Für die blutige Arbeit, um sich nicht selbst die Hände schmutzig zu machen, schicken die Kiez-Größen Pinzner und weitere Kumpane los. Dagobert Lindlau hat Leute wie Pinzner in seinem Buch sehr treffend und vielsagend charakterisiert: „Was immer Pinzner hat, Fantasie ist nicht seine Stärke. Daher hat er auch keine Angst."

Ein Psychiater hat Pinzner in einem Gerichtsgutachten vom 17. März 1986 so analysiert, dass bei diesem Auftragsmörder weder eine Geisteskrankheit noch ein Intelligenzmangel erkennbar sei, was strafrechtlich ins Gewicht fallen könnte. Das psychiatrische Gutachten konstatiert bei Pinzner ein großes Maß an „freischießender Aggression". Diese richtet sich gegen jede Autorität. Der Gutachter meint zudem, Pinzner sei bei mäßiger Begabung ein ichbezogener und leicht verletzlicher Schlägertyp, ohne jede Bindung.

Pinzners kriminelle Karriere beginnt mit Körperverletzungsdelikten. 1970 widerruft das Amtsgericht Hamburg eine Strafaussetzung zur Bewährung mit einer bemerkenswerten Untertreibung: Pinzner sei nicht gewillt, „die körperliche Integrität seiner Mitmenschen zu achten".

Pinzner ist schon sehr früh aggressiv und gewalttätig gewesen. Als sein Vater ihm beibringen will, dass er sich zu benehmen habe, zerschneidet der Sohn dem Vater auf Ludenart die Reifen des Autos. Es ist nicht die einzige Art von Gewalt gegen die eigenen Eltern. Bei einem Streit ohrfeigt er den Vater. Die Mutter bedroht er mit dem Messer.

Nach und nach kommen weitere Taten hinzu. Pinzner erhält schließlich wegen eines Überfalls auf einen Supermarkt, bei dem der Geschäftsführer erschossen wird, im September 1975 eine zehnjährige Haftstrafe. Noch vor seiner Verurteilung lernt er seine zweite Frau Jutta kennen. Außerdem macht er im Knast Bekanntschaft mit Drogen. Kokain wird sein ständiger Begleiter. Weiter baut er im Gefängnis zunehmend Kontakte zur Drogenszene und zum Rotlichtmilieu von St. Pauli auf. Pinzner kann sich sogar einen Revolver der Marke Arminius vom Kaliber .38 special beschaffen und in seinem persönlichen Schließfach im Gefängnis verbergen, das der liberale Hamburger Strafvollzug seinerzeit jedem Häftling im offenen Vollzug angeboten hat.

Neun Jahre der Strafe sitzt der mittlerweile 37-Jährige in der Justizvollzugsanstalt Fuhlsbüttel ab, dann kommt er als Freigänger in die Justizvollzugsanstalt Vierlande.

Die schwierige Primärpersönlichkeit, aus der jetzt der Berufskiller Werner Pinzner hervorgeht, wird weiter akzentuiert durch seinen zunehmenden Rauschgiftkonsum. Dies betrifft vor allem Kokain, aber ebenso Heroin und andere Drogen sowie Medikamente. Er spritzt das Kokain und konsumiert als einer der Ersten in Deutschland überhaupt „Crack". Seine Allmachtsfantasien nehmen zu. Pinzner beteiligt sich als Freigänger im Juni 1984 gemeinsam mit zwei Komplizen aus dem Umfeld des Rotlichtmilieus an einem Raubüberfall auf einen Geldboten und macht dabei vergleichsweise „fette" Beute.

Doch ihn gelüstet es nach mehr. Mehr Geld, mehr Macht, mehr Ansehen. Er will bei den „Großen" mitspielen, dazugehören. Die ganz „dicken Dinger" drehen und im lukrativen Geschäft mit der Prostitution ein ordentliches Stück vom Kuchen abbekommen. Pinzner hat Ambitionen auf dem Kiez.

Als Teilhaber scheint er allerdings den Einflussreichen und Mächtigen nicht adäquat. Vielleicht halten sie ihn für zu plump, zu sprunghaft, zu unberechenbar. Doch nach und nach empfiehlt er sich als Mann fürs Grobe. Jemand ist einem Konkurrenten im Weg? Das Problem kann er lösen. Ohne Gewissensbisse, kalt bis ins Herz. Es geht ihm um Anerkennung, und es geht ihm vor allem um eine großzügige Bezahlung. Bei den Morden sei es nichts Persönliches gewesen, erzählt er später. „Es war mein Geld, was mich da motiviert hat. Einzig und allein mein Geld."

Für 20 000 bis 40 000 Mark geht er bis zum Äußersten.

Seinen ersten Auftrag erhält der Mann im Juli 1984, als er offiziell noch Häftling ist, aber als Freigänger schon einen recht großen Wirkungskreis hat. Nun soll er einem ehemaligen Bordellbesitzer, der sich auf dem Kiez Feinde gemacht hat, eins „beipulen". Eigentlich ist damit gemeint, jemand solle eingeschüchtert werden, etwa mit einem Schlag auf den Kopf oder indem ihm ein Finger abgehackt wird. Doch das ist nach Pinzners sehr speziellen Maßstäben zu subtil. „Ich geh hoch", sagt er, „und knall ihn weg."

Pinzner dringt zusammen mit seinem Komplizen H. am 7. Juli in die Wohnung des anvisierten Opfers in Kiel ein. Die beiden werfen den Mann zu Boden. Seine panischen Schreie, sein angstvolles „Nein, nein, nein!" lassen Pinzner kalt. Er setzt den Revolver am rechten Hinterkopf des Mannes an und drückt ab. Nach der Tat begibt er sich – ganz der brave Häftling – zurück in den offenen Vollzug der JVA Vierlande, wo er die Waffe wieder in seinem Schließfach deponiert. Drei Tage nach dem Mord wird Pinzner unter Aussetzung seiner Reststrafe zur Bewährung vorzeitig aus dem Gefängnis entlassen.

Die gerichtliche Sektion des Getöteten wird in Kiel vom dortigen Institutsdirektor vorgenommen. Die obduzierenden Ärzte stellen einen schmalen Schmauchsaum auf der Haut und eine Schmauchhöhle im Unterhautfettgewebe fest. Die Befunde sprechen für einen aufgesetzten Schuss. Die Kriminaltechniker legen sich darauf fest, dass aus weniger als zehn Millimeter Entfernung geschossen wurde. Der Schusskanal durchzieht den Schädel von hinten rechts oben nach links vorn seitlich.

Die kriminaltechnische Untersuchung des sichergestellten Projektils ergibt, dass es sich um das Kaliber .38 spl handelt. Als Tatwaffe kommt ein Revolver der Marke Arminius der Firma Weihrauch in Betracht. Der Lauf des Revolvers hat „zehn Züge mit Rechtsdrall".

Offenbar hat Pinzner seine Mission zur Zufriedenheit seines Auftraggebers erledigt. Nach seinem Verständnis ist das solides Handwerk, und so etwas zahlt sich aus. Das empfiehlt ihn für weitere Taten.

Zwei Monate später, im September 1984, ist es so weit. Erneut wird Pinzner beauftragt, einen zunehmend unbequemen Bordellbesitzer zu beseitigen. Diesem „Bayern-Peter" nähert sich der Auftragskiller mit einer Legende. Er behauptet, mit „Bayern-Peter" ein größeres Rauschgiftgeschäft abwickeln zu wollen. Zu diesem Zweck müssten sie an einen ruhigen Ort gehen. Als sie in der Garage ankommen, in der der Deal angeblich über die Bühne gehen soll, tötet Pinzner den Mann mit einem Kopfschuss. Als die Leiche gefunden wird, läuft das Autoradio noch. Bei der Obduktion wird wie im ersten Fall ein Kopfschuss festgestellt, erneut von hinten. Das Projektil steckt noch im Schädel.

Wiederum nur zwei Monate nach dem jüngsten Mord ist Pinzner erneut auf tödlicher Mission. Diesmal führt ihn sein Auftrag, den er mit einem Komplizen ausführen soll, im November 1984 in die Nähe von München. Sie sind auf einen Zuhälter angesetzt, der im Milieu den Beinamen „Lackschuh“ trägt. Pinzners Komplize sitzt am Steuer. „Lackschuh“, der glaubt, mit den beiden Männern einen Drogendeal abschließen zu können, geht langsam die Geduld aus. Nun täuschen die beiden gedungenen Mörder eine Autopanne vor, um anhalten und aussteigen zu können. „Lackschuh“ steht ahnungslos neben der Beifahrertür, als er plötzlich durch Pinzner von hinten niedergeschossen wird. „Von hinten hab ich ihm das Ding an die Birne gehalten“, erklärt Pinzner ganz trocken später in einer Vernehmung dazu. Am Boden liegend stöhnt das Opfer noch auf. Daraufhin setzt Pinzner die Waffe ein zweites Mal an der rechten Schläfe an und schießt dem am Boden liegenden Mann erneut in den Kopf.

Die Münchner Rechtsmediziner stellen fest, dass der erste Einschuss sich sieben Zentimeter hinter dem rechten Ohr befindet. Es liegt ein glatter Hirndurchschuss vor. Das Projektil hat den Schädel fast waagerecht in einem Winkel von 45 Grad zur Körpermittelachse durchsetzt und ist im Stirnbereich stecken geblieben. Der Tote stand unter dem Einfluss von Kokain und Amphetamin. Der Schuss ist laut Gutachten des Bundeskriminalamtes aus einer Entfernung von fünf bis zwanzig Zentimetern abgegeben worden. Es handelt sich um ein Projektil vom Kaliber .38 spezial, verschossen aus einem Revolver Arminius – „mit zehn Zügen rechts“.

Pinzner bleibt weiter umtriebig. Diesmal vergehen allerdings fünf Monate, bis er seinen nächsten Auftrag erhält. Zusammen mit seinem Komplizen T. sucht er im April 1985 die beiden Zuhälter K. und D., der „Neger-Waldi“ genannt wird, in Hamburg-Schnelsen auf. Die

Stimmung ist gereizt. Man macht sich gegenseitig Vorwürfe, auch weil einmal wieder Reifen zerstochen wurden. Pinzner hat wie immer seinen Arminius-Revolver dabei. Aber: Die Schüsse erfolgen diesmal aus einer Smith and Wesson, .38 spezial. Pinzner schildert später die eigentliche Tat in seiner unnachahmlichen Direktheit: „Bumbumbumbumbum. Da gab's 5 aus 38." Der Zuhälter K. wird mit drei, danach der „Neger-Waldi" mit zwei weiteren Schüssen niedergestreckt. Die Untersuchung der Projektile ergibt zwei Webcutter-Geschosse, zwei Vollmantelgeschosse und ein Teilmantelgeschoss des Kalibers .38.spl., diesmal keine „zehn Züge rechts". D. erleidet zwei Schussverletzungen in Kopf und Hals, K. weist drei Schussverletzungen im Bereich von Kopf und Schulter auf.

Die Polizei reagiert auf diese Gewalt im Rotlichtmilieu und die diversen Todesfälle mit der Einrichtung der Soko 855. Außerdem wird in dieser Zeit eine völlig neue Dienststelle ins Leben gerufen, die gezielt gegen die Organisierte Kriminalität in Hamburg vorgeht. Ideengeber hierfür ist der Leiter des Landeskriminalamts und spätere Polizeivizepräsident Wolfgang Sielaff.

Am 15. April 1986 wird Werner Pinzner schließlich durch ein Mobiles Einsatzkommando der Hamburger Polizei verhaftet. Auf dem Sofa des Killers liegt die Mordwaffe, ein geladener Revolver der Marke Arminius, .38, zehn Züge rechts. Dass der Mann, der mehrere Morde auf dem Gewissen hat, nun hinter Gitter kommt, ist für die Polizei ein großer Coup – und für Pinzner ein Supergau. Nicht nur, dass ihm klar sein muss, dass er auf sehr lange Zeit seine Freiheit verlieren wird. Er hätte sich seinen unfreiwillig öffentlichen Auftritt sicher gern souveräner vorgestellt: er als der Überlegene, der sagt, wo es lang geht. Nun sind es Polizeikräfte, die die Herrschaft über ihn haben. Die Fotos von Pinzner, von der Hüfte an in eine Decke gehüllt, mit nacktem Oberkörper, verwirrtem Blick und die Hand eines Polizisten in seinem Nacken, erscheinen überall in den Medien.

Im Rahmen eines Prozesses gegen weitere Beteiligte aus dem St. Pauli-Milieu, in dem diese jeweils zu lebenslangen Haftstrafen verurteilt werden, wird Pinzner die Ermordung von fünf Personen nachgewiesen. Drei weitere Morde im Rotlichtmilieu hat der Lohnkiller bei seinen ersten Vernehmungen nach der Verhaftung bereits zugegeben. Später behauptet er, er wolle sich zu insgesamt elf von ihm begangenen Kapitalverbrechen äußern.

Und zumindest bei den ersten drei Morden deutet anhand der Geschosse, die die Rechtsmediziner in den Körpern der getöteten Männer sichergestellt haben, alles auf Pinzner hin. Die Projektile haben das Kaliber .38 spl., der Durchmesser beträgt 9 mm. Es handelt sich um eine besondere Laborierung, das betrifft den technischen Aufbau des jeweiligen Projektils. Der Bleizylinder wird als „Wadcutter“ bezeichnet. Ein derartiges Geschoss wird bei sportlichem Präzisionsschießen verwendet. Es ist vorne vollkommen flach, um auf dem Papier der Zielscheibe ein genaues Loch auszustanzen. Es erinnert entfernt an ein sogenanntes Dumdumgeschoss.

Das hier verwendete Projektil zeigt Spuren von den Zügen im Lauf der Waffe. Dies sind Rillen im Lauf, die das Geschoss in eine schnelle Drehung um die eigene Achse versetzen, um es treffgenau im Flug zu stabilisieren. Im Gegensatz zu Kaliber .38 spl., welches ein Standardformat darstellt, sind „zehn Züge rechts“ sehr selten. Man findet diese zehn Züge rechts beispielsweise beim Revolver Arminius der Firma Weihrauch. Die Wahrscheinlichkeit, dass bei den Tötungsdelikten, die jeweils mit ihren Kopfschüssen Hinrichtungen ähneln, unterschiedliche Revolver im Spiel waren, ist außerordentlich gering. Alles spricht hier für den einen Serientäter: Pinzner.

Bei den beiden zuletzt verübten Mordfällen in Schnelsen glauben die Beamten dem Tatverdächtigen allerdings nicht, dass er allein getötet habe. Seine Behauptung, dass er zwar seine eigene Waffe dabei hatte, aber mit einer anderen geschossen haben will, erscheint ihnen nicht plausibel. Bei diesem anderen Revolver ist der Griff zudem so weit verändert, dass er nicht in seine Hand passt. Gegen die Version mit der zweiten Waffe spricht außerdem, dass man genau einen entsprechenden Revolver bei seinem Komplizen T. findet. Dies legt zumindest nahe, dass Pinzner überhaupt nicht geschossen hat, sondern vielmehr der Mittäter.

Warum sollte der 39-Jährige aber einen Doppelmord, den er nicht begangen hat, auf sich nehmen? Aus Prahlerei? Weil er nichts zu verlieren hat? Irgendetwas muss ihn dazu gebracht haben. Vielleicht wird er von außen unter Druck gesetzt. Oder er bekommt etwas für sein Schweigen. Beides wäre ein Ermittlungsansatz gewesen, der vom Lohnkiller weg und zu seinen Auftraggebern hätte führen können. Pinzner gibt merkwürdig verklausulierte Formulierungen von sich, die sich dann aber nicht weiter als substanziell erweisen. So äußert er beispielsweise, es gebe Leute im Hintergrund, die vornehm in Hamburg leben und ihr schwarzes Geld am Kiez investieren. Stichhaltige Beweise in dieser Hinsicht hat es nie gegeben, auch nicht, als später die Hintermänner von Pinzner identifiziert und ebenfalls vor Gericht gestellt werden.

Pinzner in Untersuchungshaft: Wenn einer auspackt, der so tief im Milieu verhaftet ist, ist das für die Polizei eine unglaubliche Chance. Es ist zugleich aber auch eine Gefahr: Der Killer könnte selbst zu einem Mordopfer werden. So mancher auf dem Kiez, das ist der Justiz klar, könnte ein Interesse daran haben, den Auftragsmörder für alle Zeit zum Schweigen zu bringen. Denn Pinzner ist nicht nur wegen seiner geballten Informationen gefährlich, er ist wegen seiner Kokainsucht auch unberechenbar. Könnte er außerdem mit seinen Auftraggebern „abrechnen wollen", weil sie ihn immer nur als Handlanger gesehen haben? Weil sie ihn nie im großen Geschäft haben mitspielen lassen? Angeblich ist ein Kopfgeld von 300 000 Mark auf ihn ausgesetzt. Es ist eine besondere Form von Zynismus, dass der Tod eines Mannes, der für ein Entgelt von durchschnittlich 30 000 Mark gemordet hat, nun das Zehnfache wert sein soll.

Doch niemand im Milieu oder anderswo soll die Gelegenheit bekommen, Pinzner zu schaden und so seine Aussage zu verhindern. Von den Schilderungen des Auftragskillers, der angekündigt hat, auspacken zu wollen, versprechen sich die Ermittler eine Vielzahl von Erkenntnissen. Immerhin hat er schon am Abend seiner Festnahme angekündigt, dass er viel zu berichten habe.

„Ich kann euch alles erzählen", hat er gesagt. „Ich habe acht Menschen umgebracht. Ich bin es."

Später behauptet er, es seien sogar elf Morde gewesen. Der Gefangene wird unter strengster Bewachung ins Polizeihochhaus gebracht, wo er vernommen werden soll.

Auf diese Weise kann man Anschläge von außen abwehren. Aber was dann tatsächlich geschehen sollte, ahnt niemand. Pinzner hat selber seinen Abgang geplant. Es soll ein „Exitus triumphalis" nach Art des Profikillers werden. Ein Showdown, den niemand so leicht vergessen wird.

Der 29. Juli 1986 ist ein warmer Sommertag. Werner Pinzner wird morgens um neun Uhr in der Untersuchungshaftanstalt abgeholt. Zuständig für seine Vernehmung ist der Leiter der Sonderkommission, Oberstaatsanwalt Wolfgang Bistry. Im Vernehmungszimmer 418 des Polizeihochhauses treffen alle zusammen. Mit dabei sind, auf ausdrücklichen Wunsch Pinzners, seine Anwältin sowie seine Ehefrau. Eine Protokollführerin notiert noch, dass Jutta Pinzner als „Beistand" für ihren Mann gekommen sei. Tatsächlich steckt ein perfider Plan dahinter.

Denn mithilfe von Pinzners Anwältin hat dessen Frau Jutta an ihrem Körper unter der Wäsche einen Revolver Smith & Wesson in das eigentlich hoch gesicherte Polizeigebäude eingeschmuggelt. Auf der Toilette packt sie die Schusswaffe in ihre Handtasche um. Als sie wieder zurück in das Vernehmungszimmer kommt, stellt sie die Tasche mit dem Revolver so ab, dass diese leicht für Pinzner zu erreichen ist.

Zu Beginn der Vernehmung fordert Staatsanwalt Wolfgang Bistry die Hauptperson in dieser Vernehmung auf: „Nun schießen Sie mal los!“ Er hat das selbstverständlich nicht wörtlich gemeint. Doch in der Rückschau bekommt diese spezielle Formulierung eine fatale Bedeutung: Pinzner schießt los, im wahrsten Sinne.

Plötzlich hat der Mehrfachmörder einen Revolver in der Hand. Er sagt: „Meine Herren, dies ist eine Geiselnahme. Wir haben drei Stunden Zeit. Ihr geht raus.“ Dann schießt er auf den Staatsanwalt. Ein Projektil durchschlägt den Ringfinger der linken Hand, die Bistry reflexartig zur Abwehr vor das Gesicht gehoben hat. Außerdem wird der Jurist am Kopf getroffen, die Verletzung ist tödlich. Die Kugel dringt am rechten äußeren Augenwinkel in das Gesicht ein, durchschlägt den Schädel und tritt am Hinterkopf aus. Ein weiteres Projektil verfehlt Bistry. Pinzner schießt auch noch den Polizeibeamten hinterher, die geduckt aus dem Zimmer rennen. „Die Frauen sind meine Geiseln!“, brüllt Pinzner den Beamten zu.

Die Protokollführerin sucht Schutz hinter einem Schreibtisch. Von dort aus hört und verfolgt sie mit wachsendem Entsetzen, was sich nun in diesem Zimmer abspielt. Jutta Pinzner kniet vor ihrem Mann nieder. Sie hebt den Kopf und öffnet den Mund. Er richtet den Lauf des Revolvers in ihren Mund und zieht ab. Die Verletzung ist verheerend, die Frau bricht sofort zusammen. Nun setzt sich der mehrfache Mörder neben die soeben Getötete und bringt sich durch einen Schuss in den Mund ebenfalls um. Als Einsatzkräfte kurze Zeit später das Büro stürmen, hat der Tote den Revolver

Smith & Wesson .38. spezial noch in der Hand. In einem braunen Umschlag, den Pinzner bei sich hat, sind Zeitungsausschnitte. Darauf hat er geschrieben: „Ich werde noch mal hinlangen. Die Schweine haben mich so geflachst. Viele Grüße Mucki“

Die Sektionsbefunde, die bei Staatsanwalt Bistry, Pinzner sowie seiner Ehefrau erhoben werden, entsprechen dem hier geschilderten Geschehensablauf. Allerdings kann nicht mit letzter Sicherheit festgestellt werden, ob die Wunden des Staatsanwalts an Finger und Kopf von einer oder zwei Kugeln verursacht wurden. Es spricht viel dafür, dass es ein einziges Projektil war, das erst den Finger durchschlug und dann die tödliche Kopfverletzung verursacht hat. Pinzner und seine Frau sind infolge ihrer Mundschüsse sofort tot. Bei der Obduktion der beiden wird jeweils ein Kopfdurchschuss von unten nach schräg oben festgestellt, unter anderem mit schwersten Hirnverletzungen und Knochenzertrümmerungen der Schädel.

Dass das Ehepaar von vornherein einen gemeinsamen Suizid geplant hatte, zeigt das Sektionsergebnis ebenfalls: Beide hatten Quecksilber geschluckt und wiesen in ihrem Mageninhalt zahlreiche Kügelchen dieser hochgiftigen Substanz auf. Bei Pinzner wurden darüber hinaus Benzodiazepine und Kokain nachgewiesen. Er hatte auch noch im Gefängnis und bis zu seinem Ende so ungefähr alle Drogen konsumiert, die damals gedealt wurden.

Die Tragödie im Polizeipräsidium hat ein umfangreiches Nachspiel. Drei St. Pauli-Größen werden später zu lebenslangen Freiheitsstrafen verurteilt. Der Anwältin von Pinzner wird nachgewiesen, dass sie Jutta Pinzner beim Einschmuggeln der Waffe ins Polizeipräsidium unterstützt und Pinzner wiederholt mit Drogen im Gefängnis versorgt hat. Sie wird wegen Beihilfe zum Mord und weiterer Delikte zu einer sechseinhalbjährigen Gefängnisstrafe verurteilt. Ein milderes Urteil zu fünf Jahren und neun Monaten wegen fahrlässiger Tötung in Tateinheit mit Beihilfe zur Tötung auf Verlangen sowie Verstoß gegen das Waffen- und das Betäubungsmittelgesetz hatte der Bundesgerichtshof zuvor aufgehoben. Der Name der Anwältin darf jetzt nicht mehr genannt werden.

Der Fall Pinzner führt auch dazu, dass ein hoher Polizeibeamter in den Ruhestand versetzt wird. Der Innensenator und die Justizsenatorin müssen zurücktreten. Im Kampf gegen das Organisierte Verbrechen hat die Polizei einen Lernprozess durchgemacht, der zu nachhaltigen Veränderungen und Verbesserungen und zu wesentlichen Fortschritten in der Verbrechensbekämpfung führt. Die Experten der Polizei und die Rechtsmediziner haben sich nichts vorzuwerfen, sie haben alle Arten von waffentechnischen Spuren nachvollziehbar kommentiert und wesentlich zur Aufklärung beigetragen – der Aufklärung einer Verbrechensserie, die bis heute nachhallt.

Werner „Mucki“ Pinzner: So kaltblütig wie er ist kein anderer gewesen.

DER MÖRDER KAM MIT DER UZI

„Jeder kann Mörder werden." „Lebenslang." „Schuldgefühle nach dem Tod des Partners." Hartmut F., ein Verbrecher in spe, hat alle Eventualitäten abgeklopft, so scheint es. Und er hat sich umfassend informiert. Das Internet, das er mit den Suchbegriffen „Mörder" und „lebenslang" gefüttert hat, weiß auf alles eine Antwort. Auch darauf, ob und wie jeder zum Mörder werden kann.

Hartmut F. hat es gekonnt. Der 48-Jährige hat seine Opfer regelrecht mit Kugeln durchsiebt. Fünfzig Schuss hat er auf die ersten beiden Menschen abgefeuert, aus nächster Nähe. Kaltblütig, sie hatten nicht einmal Zeit zu schreien. Dann eilt er weiter. Er ist noch nicht fertig mit seiner Mission. Alle tödlichen Dinge sind drei.

Dieses Blutbad erscheint als etwas Irreales, vielleicht abgekupfert aus einem Blockbuster. Man kennt solche Szenen aus Actionfilmen, wenn ein Mann losstürmt, bewaffnet mit einer Maschinenpistole, und als Rächer andere niedermäht. Das Blutbad ereignet sich dann irgendwo zwischen den Wolkenkratzern amerikanischer oder asiatischer Megastädte. Und am Ende obsiegt der Held.

Hier aber erschüttert die Mordserie Dänischenhagen, eine bis dahin ruhige Kleinstadt in der Nähe von Kiel. 4.000 Einwohner leben hier, wenige Kilometer von der Ostsee entfernt. Dänischenhagen ist sehr lange ein friedlicher Ort, bis am 19. Mai 2021 ein Rattern die Stille durchbricht. Es klingt, als würde jemand Kieselsteine in ein Behältnis fallen lassen, sagen Nachbarn später. Doch es sind Schüsse, abgefeuert aus einer Maschinenpistole des Typs Uzi, Kaliber 9 Millimeter. Der Täter verfeuert ein komplettes Magazin mit 25 Schuss. Einen Augenblick lang herrscht Stille, während er das leere Magazin gegen ein neues tauscht. Jetzt rattert die nächste Salve mit 25 Schuss. Die Frau und der Mann, die dieser Kugelhagel getroffen hat, liegen nun da in ihrem Blut im Flur eines Doppelhauses, ihre Körper dicht beieinander. Es ist eine Tat, die von unbedingtem Vernichtungswillen zeugt.

Der Schütze rennt danach mit der Waffe in der Hand zu seinem Auto und düst „wie eine besengte Sau" davon, beschreiben Zeugen später. Der Täter, ein Zahnarzt, entledigt sich nun zunächst der Uzi, indem er sie bei einem Freund über den Gartenzaun wirft. Dann fährt er mit einem Mietwagen nach Kiel, betritt dort den Laden des Elektrikers Carsten B. und schießt dem 53-Jährigen mit einer Pistole Walther PPK, Kaliber 7,65 Millimeter, versehen mit einem Schalldämpfer, mehrfach ins Gesicht.

Auch dieser Mann stirbt.

Wenige Stunden später scheint der Täter wie ausgewechselt. Er wirkt „ganz normal, freundlich", wie Polizisten sich erinnern.

Knapp zehn Stunden sind seit den Verbrechen vergangen, als Hartmut F. sich im Polizeipräsidium Hamburg den Behörden stellt. Der Mitarbeiter, der in der gläsernen Sicherheitsschleuse Dienst hatte, beschreibt, wie der 48-Jährige mit einem braunen Lederkoffer hereingekommen sei, unaufgefordert seinen Personalausweis in das dafür vorgesehene Schubfach gelegt und gesagt habe, der Beamte brauche keine Angst zu haben. Der Besucher meint damit offenbar die Pistole mit Schalldämpfer, die er als Nächstes herausholt, sie entlädt und ebenfalls in die Klappe der Eingangsschleuse legt. Auf die Frage, ob er für die Waffe eine Lizenz habe, habe der Zahnarzt geantwortet: „Dafür gibt es keine Lizenz." Er wolle zur Mordkommission, habe F. gesagt und mit den Händen signalisiert, dass er bereit sei für eine Festnahme.

So wortkarg und unaufgeregt Hartmut F. daherkommt – wenige Stunden, nachdem er drei Menschen kaltblütig erschossen hat: Ist es das Gebaren eines Mannes, der erfolgreich eine tödliche Mission verübt hat und nun zufrieden mit sich und der Welt ist? Oder ist es vielmehr das Verhalten eines reuigen Mörders, der für seine Taten einstehen will?

Monatelang schweigt der Vater von vier Kindern über seine Verbrechen und die Motive. Doch schon lange vor dem Prozess vor dem Kieler Schwurgericht, wo sich Hartmut F. schließlich sechs Monate nach der Tat verantworten muss, schält sich das Bild eines Mannes heraus, der es offenbar nicht hat hinnehmen wollen, dass sich seine Frau einem anderen zugewandt hat. Und der nicht davor zurückschreckte, seine Gattin zu erschießen und damit seinen vier minderjährigen Kindern die Mutter zu nehmen.

Mit Hanna F. haben auch jene Menschen sterben sollen, die der Täter dafür verantwortlich macht, dass die 43-Jährige sich von ihm getrennt hat. Es ist deren neuer Freund Tobias H., 53 Jahre alt, sowie der Elektriker Carsten B. Dieser Mann, ein früherer Freund von Hartmut F., hatte den Ermittlungen zufolge Hanna F. davon erzählt, dass der Zahnarzt sie wiederholt mit anderen Frauen betrogen habe. Daraufhin soll die 43-Jährige die Beziehung mit ihrem Mann beendet haben. Dementsprechend gibt Hartmut F. seinem früheren Freund die Schuld am Scheitern seiner Ehe.

Tatsächlich war die Beziehung wohl schon lange zuvor am Ende. Eine Partnerschaft, die mit vielen Hoffnungen begonnen hatte: mit dem Wunsch, sich eine Idylle aufzubauen, mit einem Leben auf einem Resthof am Westensee, mit mehreren Kindern, mit Pferden, Hühnern und Hunden. Er arbeitet und verdient das Geld, sie versorgt die Familie, Haus und Garten. Ob die Frau, die wie ihr Mann ein Zahnmedizinstudium begonnen hatte, es dann aber wegen der Kinder aufgab, mit dieser Rollenverteilung zufrieden war? Vielleicht. Aber dann kamen zunehmend Gerüchte auf, dass ihr Mann seiner Frau untreu sei; es folgten kurzzeitige Trennungen. Und es kam zu Übergriffen gegen die 43-Jährige durch ihren Gatten. Jetzt war es offensichtlich, dass Hanna F. die Beziehung nicht mehr aufrechterhalten wollte. Sie machte einen klaren Schnitt; unter anderem erwirkte sie über ein Gericht ein Kontaktverbot. Ihr Mann hätte sich ihr nun nicht mehr nähern dürfen.

Er soll es trotzdem getan haben. Es heißt, er habe Druck auf sie ausgeübt, zu ihm zurückzukommen, über Freunde, über die Kinder. Und er spioniert ihr nach, will wissen, mit wem seine Frau sich verabredet und wann. Offenbar hat er bereits mitbekommen, dass sie sich mit einem anderen trifft. Dies ist die Zeit, in der Hartmut F. im Internet unter anderem zu den Begriffen „Mörder" und „lebenslang" recherchiert.

Die Ermittlungen ergeben, dass die ersten beiden Morde mit einer Uzi, Kaliber 9 Millimeter, verübt wurden. Solche israelischen Maschinenpistolen haben üblicherweise ein Magazin mit 25 Schuss. Ist es leer, wird ein neues eingelegt. Die Munition entfaltet auf kurze und mittlere Entfernung eine große Durchschlagskraft. Hartmut F. hat für die ersten beiden Morde zwei komplette Magazine abgefeuert. Allein bei seiner Frau werden 48 Schusswunden festgestellt. Ihr 53 Jahre alter Bekannter stirbt durch Kugeln in Herz, Lunge, Leber und Niere.

Für die dritte Tötung, die des Elektrikers Carsten B., hat Hartmut F. eine andere Waffe verwendet: eine Pistole Walther PPK, Kaliber 7,65 Millimeter. Auch dieser Tod wirkt wie eine Hinrichtung: Das Opfer treffen insgesamt fünf Schüsse ins Gesicht und in den Kopf.

Zuständig für die rechtsmedizinische Analyse der Taten waren die Kieler Experten von der Christian-Albrecht-Universität. Sie haben beide Geschehensorte in Dänischenhagen und Kiel inspiziert und darüber hinaus den Täter untersucht, nachdem dieser von Hamburg aus nach Kiel überstellt war. Die Obduktion der Opfer wird zu einer Sisyphos-Arbeit. Die Frau wurde in den Rücken getroffen. Die Schussverletzungen durch 9-Millimeter-Geschosse waren fast alles Durchschüsse. Mehrere Projektile trafen den zehn Jahre älteren neuen Bekannten. Beide Opfer verbluteten sofort.

Der dritte Tote lag in seiner Werkstatt in Kiel nahe der Tür. Man fand ihn erst, nachdem der Täter sich gestellt hatte. Bei den Kopfschüssen ins Gesicht des Opfers handelte es sich um Steckschüsse.

Wie wird man juristisch einer solchen Tat gerecht? Auch wenn Hartmut F. sich selber der Polizei gestellt hat, auch wenn alles dafür spricht, dass er die tödlichen Schüsse abgefeuert hat: Es muss sorgfältig ermittelt werden, Zeugen werden gehört, Handydaten und E-Mails ausgewertet, Spuren verfolgt, die Tatorte müssen akribisch vermessen, die Blutspuren erfasst und gedeutet werden. Auch eine rechtsmedizinische Untersuchung des Täters gehört dazu. Dabei hat sich dieser sehr angespannt und wenig mitteilsam gezeigt. Als Hinweis darauf, dass er die Schusswaffe benutzt hat, wies er eine sogenannte Schlittenverletzung an der rechten Hand auf. Striemen am Hals waren durch eine missglückte suizidale Handlung zu erklären.

Nach und nach tragen die Ermittler Ergebnisse zusammen, die dreißig Ordner mit Tausenden Seiten füllen. Außerdem muss geklärt werden, wo die Uzi abgeblieben ist, mit der die beiden ersten Verbrechen verübt wurden. Als Hartmut F. bei der Polizei erschienen ist, hat er nur die Pistole abgeliefert.

Wo also ist die halbautomatische Maschinenpistole? Offenbar hat Hartmut F. selbet den Hinweis gegeben, dass er die Waffe nach der Tat einem Bekannten in Kiel abgeliefert habe. Dieser hat die Uzi den Ermittlungen zufolge in Einzelteile zerlegt und an unterschiedlichen Orten im Wasser versenkt. Polizeitaucher finden später Waffenteile im Eckernförder Stadthafen, in Möltenort und im Nord-Ostsee-Kanal. Die Ermittler können sechs der im Wasser gefundenen Waffenteile der mutmaßlichen Tatwaffe zuordnen. Beide Schusswaffen hat der Zahnarzt demnach illegal besessen. Die Uzi unterliegt zudem dem Kriegswaffenkontrollgesetz.

In der Gesamtschau der Taten wird ein Verstoß gegen das Waffengesetz oder auch das Kriegswaffenkontrollgesetz allerdings nicht sonderlich ins Gewicht fallen. Wegen der drei Tötungsdelikte, die Hartmut F. begangen haben soll, droht ihm bei einer Verurteilung wegen Mordes lebenslange Haft. Die Verhängung der besonderen Schwere der Schuld steht zudem im Raum. Sie wird dann festgestellt, wenn eine Tat besonders verwerflich war, der Täter sehr brutal und grausam vorgegangen ist oder er dem Opfer große Qualen zugefügt hat. Oder wenn es mehrere Mordopfer gegeben hat, so wie in Dänischenhagen.

Am 23. Februar 2022 beginnt der Prozess gegen den Mann, der nach Überzeugung der Staatsanwaltschaft für die drei Morde verantwortlich ist. Die Anklage geht von diesem Tathergang aus: Heimlich verfolgt Hartmut F. am 19. Mai 2021 seine Frau auf dem Weg zu deren neuem Partner, er folgt ihr von Kiel nach Dänischenhagen. Es fällt ihm nicht schwer, ihrem Wagen auf der

Spur zu bleiben, hat er doch schon Tage zuvor an dem Auto einen Peilsender angebracht. Als Hanna F. an ihrem Ziel aus dem Wagen steigt und ihren Freund im Eingang von dessen Doppelhaushälfte begrüßt, eröffnet der Zahnarzt ohne ein Wort das Feuer.

Der Angriff kommt für das neue Paar vollkommen überraschend. Der Täter schießt aus rund einem Meter Entfernung zwei Magazine leer und hört auch nicht auf, als die Opfer längst blutüberströmt und tödlich getroffen am Boden liegen. Dann fährt der Angeklagte weiter nach Kiel, um das dritte Kapitalverbrechen zu verüben. Auch dieses Opfer erschießt Hartmut F. aus nächster Nähe. Die Anklage lautet auf dreifachen heimtückischen Mord aus niedrigen Beweggründen. Das Motiv des Zahnarztes, so wie es für die Staatsanwaltschaft feststeht: Hartmut F. wollte seine Frau bestrafen, weil sie sich von ihm getrennt hatte. Den neuen Mann an ihrer Seite habe er wegen der Beziehung zu ihr ebenfalls zur Rechenschaft ziehen wollen. Das dritte Opfer, einen gemeinsamen Bekannten des Ehepaares, hat er nach Überzeugung der Ermittler erschossen, weil dieser Hanna F. verraten habe, dass ihr Mann fremdgeht.

Es gibt noch eine zweite Anklage gegen den 48-Jährigen, unter anderem wegen Körperverletzung. Demnach hat Hartmut F. im November 2020 seine Ehefrau an den Oberarmen gepackt und gerufen: „Jetzt mache ich dich fertig!“ Anschließend soll er der 43-Jährigen einen „wuchtigen Faustschlag“ ins Gesicht versetzt haben. Als die Frau dann am Boden lag, habe er ihr gegen den Kopf getreten und ihr von hinten den Hals zugedrückt, heißt es weiter. Gegen den Zahnarzt hatte wegen gewalttätiger Übergriffe auf seine Frau bereits eine Schutzanordnung bestanden.

Dreißig Zeugen werden im Prozess gehört. Wir haben uns am Westensee umgehört, wo die Familie lebte und wo der Zahnarzt sich offenbar zeitgleich in waffenaffinen Kreisen von Sammlern und Gleichgesinnten bewegte, die auch extravagante Autos, Glücksspiel und Drogen schätzten – außerhalb der dörflichen Idylle von Kindergärten, Schulen, gemeinsamen Dorffesten und Häuslichkeit. Als der Mann seine bis dahin offiziell registrierten Waffen wegen der Übergriffe auf seine Frau abgeben musste, hatte er sich mithilfe seiner Freunde und des Darknets bereits neu bewaffnet, sogar mit der Uzi.

Vor Gericht schweigt der 48-Jährige zunächst. Er ist ein Mann mit länglichem Gesicht und kurz rasiertem Schopf, der unverwandt in die zahlreichen Kameras blickt, die ihn zum Auftakt der Hauptverhandlung ablichten wollen. Als der Vorsitzende Richter die Personalien von Hartmut F. abfragt und beim Familienstand wissen möchte, ob der Angeklagte verwitwet sei, antwortet dieser: „Ja, leider." Als sei der Tod seiner Frau wie ein Schicksalsschlag über ihn gekommen, den er am liebsten habe abwenden wollen. Schon als der Mann sich der Polizei stellte, soll er eine Bemerkung mit ähnlichem Tenor gemacht haben. Auf die Frage, wie es ihm gehe, habe F. damals sinngemäß gesagt: „Gut. Das, was geschehen ist, ist schlimm genug."

Eigentlich hat sich Hartmut F. an diesem ersten Verhandlungstag bereits zu seinem Werdegang äußern wollen. Doch nun zieht er es zunächst vor zu schweigen.

Dass derartig viel Presse gekommen ist, irritiere den Angeklagten, erklärt der Verteidiger. Vielleicht ist es aber auch die Begegnung mit den Angehörigen der Opfer, die Hartmut F. zu schaffen macht. Da ist beispielsweise die geschiedene Frau des dritten Toten. Sie trägt ein Bild ihres Ex-Mannes auf ihrem Oberteil. Etliche weitere Verwandte treten in dem Verfahren als Nebenkläger auf, so die Familie der getöteten Frau, die gemeinsamen vier Kinder und die Familien der beiden erschossenen Männer.

Die Waffen, mit denen Hartmut F. laut Anklage drei Menschen ermordete, hatte er sich nicht offiziell besorgt. Er hatte zwar eigene, die er als Jäger über längere Zeit hatte besitzen dürfen – allerdings nicht mehr, als die Morde geschahen.

In dem Prozess kommen mehrere Zeugen zu Wort, und es scheint niemand ein wirklich zugewandtes Verhältnis zu Hartmut F. zu haben. Ein Bekannter des Ehepaares sagt im Gericht, der Angeklagte habe ihn kurz vor der Tat angerufen und gesagt: „Meine Frau betrügt mich." Da habe er geantwortet: „Das würde ich auch." Der Bekannte fügt hinzu: „Er war ja ein Arschloch." Mehrere Zeugen berichten von dem Scheitern der Ehe, den Seitensprüngen des Angeklagten und dass dieser gewalttätig gewesen sei. Eine Bekannte des Ehepaars beschreibt Hartmut F. als extrem eifersüchtig. Zugleich habe er aber selber immer wieder Affären gehabt, was seine Frau sehr unglücklich gemacht habe. Als Hanna F. sich von ihm getrennt habe, habe er das nicht akzeptiert. Er habe erwartet und verlangt, dass seine Frau zu ihm zurückkehrt. „Muss erst etwas passieren?", soll

Hartmut F. seine Ehefrau in einem Telefonat kurz vor der Tat gefragt haben. Die Zeugin berichtet weiter, Hanna F. habe von massiven Einschüchterungen durch ihren Ehemann gesprochen. Demnach habe er gedroht, „Hund, Pferde, die Kinder, sie und sich selbst zu erschießen“. Eine andere Zeugin bringt die kritische Situation in der betroffenen Familie so auf den Punkt: „Die Taten lagen in der Luft.“ Eine weitere Bekannte der Familie sagt, Hartmut F. sei ein Mann „mit zwei Gesichtern“, „einerseits zuvorkommend, gastfreundlich, lieb und höflich“. Dann wieder sei er „wie ausgewechselt, total sauer“ gewesen. „Dann war es am besten, ihm aus dem Weg zu gehen.“ Hanna F. habe Todesangst vor ihrem Mann gehabt. „Sie sagte, er tötet sie.“ Die 43-Jährige habe ihr auch erzählt, dass sie sich nur dann nicht vor ihrem Mann fürchte, wenn die Kinder, Familie oder Freundinnen bei ihr im Haus seien.

Auch der Elektriker, der an jenem schicksalhaften 19. Mai 2021 als Dritter erschossen wurde, hat Zeugen zufolge Angst vor dem Angeklagten gehabt. Die Witwe des dritten Mordopfers schildert im Prozess, dass ihr Mann dem Zahnarzt für Seitensprünge eine seiner Monteurswohnungen zur Verfügung gestellt habe. Eines Tages habe er aber dann die Schlüssel zurückgefordert. Hintergrund sei gewesen, dass Carsten B. erfahren habe, dass Hartmut F. seine Ehefrau körperlich misshandelt habe. Daraufhin habe der Elektriker mit dem 48-Jährigen nichts mehr zu tun haben wollen. „Wir haben den tollsten Vater und Mann verloren, für uns das Wertvollste“, sagt die Witwe über den gewaltsamen Tod ihres Mannes. „Für uns ist eine Welt kaputt.“

Es ist Hartmut F., der diese Welt zerstört hat. Nachdem er mehrere Verhandlungstage lang geschwiegen hat, folgen zwei Geständnisse des Angeklagten. Das erste legt der Zahnarzt schriftlich ab, in einem Brief, den er aus der Untersuchungshaft an eine frühere Freundin geschrieben hat. „Mit dieser Schuld leben zu müssen, ein Mörder zu sein, ist die schlimmste Strafe“, heißt es in dem Schreiben. Und: „Mein Lebenswunsch war es ganz sicher nicht, meine eigene Frau zu schlagen und drei Menschen zu erschießen.“ Es sei für ihn „sehr schlimm“, im Gerichtssaal zu erfahren, „welchen Schmerz ich den Hinterbliebenen bereitet habe“, schreibt Hartmut F. weiter. Zwar hätten ihm seine Verteidiger dringend empfohlen, sich nicht selber im Prozess zu äußern. Er habe aber „nichts mehr zu verlieren. Das letzte, was mir bleibt, ist die Ehre vor mir selbst.“

Und schließlich äußert sich der Mann aus Westensee im Prozess auch direkt zu den tödlichen Schüssen. Warum er die Taten begangen hat, dafür habe er keine Erklärung, meint der Angeklagte. Er habe nach den Morden „die ganzen Monate darüber nachgedacht, welche Impulse dazu geführt hätten“. „Es ist wie in einem ganz komischen Film abgelaufen, als würde es gar nicht der Realität entsprechen“, sagt er.

In der Nacht vor den tödlichen Schüssen habe er noch im Internet bei Google „Jeder kann Mörder werden“ oder „Schuldgefühle nach dem Tod des Partners“ aufgerufen. Er habe Angst vor Impulskontrollverlust gehabt und im Netz geforscht, wo er Hilfe finde könne. Er habe sich bewusst machen wollen, wozu es nicht kommen sollte.

Am Tattag sei er frühmorgens losgefahren mit der Absicht, die zwei illegalen späteren Tatwaffen zu entsorgen, erzählt der Angeklagte. Es habe wegen der Uzi und der Pistole Walther PPK anonyme Anzeigen gegen ihn gegeben. Deshalb habe er befürchtet, dass jeden Moment die Polizei für eine große Durchsuchungsaktion bei ihm anrücken würde.

Seine Frau habe von den Waffen gewusst, die er zeitweise nahe seinem Wohnhaus im Wald vergraben hatte. Über einen Tracker, den er am Wagen seiner Frau angebracht habe, habe er dann erfahren, dass sie zur Uni fuhr. Er sei ihr „leider hinterhergefahren". Als er an der Uni ankam, sei sie schon wieder unterwegs gewesen. Also sei er ihr nach Dänischenhagen gefolgt. „Dann kam es zu den schrecklichen Ereignissen", sagt er. „Ich habe versucht, mit ihr noch mal zu sprechen." Die 43-Jährige habe jedoch gesagt, „ich solle verschwinden, was ich da zu suchen hätte". Daraufhin sei er zurück zum Wagen, habe „leider" die Maschinenpistole vom Rücksitz geholt.

Wie es dann genau zu den Schüssen kam, bekomme er „nicht mehr richtig zusammen", antwortet der Angeklagte auf Nachfragen des Gerichts. „Es war wie im schlechten Film", sagt er. Die Situation „war irreal, völlig entrückt".

Alles, was der Angeklagte da erzählt, soll wohl den Eindruck erwecken, es habe sich um eine Spontantat gehandelt, bei der er gewissermaßen neben sich selber gestanden habe. Doch ein psychiatrischer Sachverständiger stuft Hartmut F. als voll schuldfähig ein. Der Gutachter führt aus, aus psychiatrischer Sicht sehe er keine

Anzeichen für eine verminderte Steuerungsfähigkeit oder Einsichtsfähigkeit. Es gebe darüber hinaus keine Hinweise auf eine krankhafte seelische Störung oder tiefgreifende Bewusstseinsstörung. Als Argumente für seine Einschätzung führt der Sachverständige den komplexen Tatablauf über mehrere Stunden an sowie die Entsorgung der ersten Tatwaffe.

Am Ende der Beweisaufnahme plädiert die Staatsanwaltschaft für eine lebenslange Freiheitsstrafe für den Angeklagten. Die Nebenklage schließt sich der Forderung der Staatsanwaltschaft an. Die Verteidiger beantragen indes eine Verurteilung wegen Totschlags. Auch sie stellen nicht in Abrede, dass Hartmut F. die drei Opfer erschossen hat. Sie argumentieren aber, dass die Taten nicht geplant gewesen seien und ihr Mandant zur Tatzeit vermindert schuldfähig gewesen sei.

Am Ende, nach zehn Tagen Hauptverhandlung, kommt das Kieler Schwurgericht für die Tötung der drei Menschen zu einer Verurteilung zu lebenslanger Freiheitsstrafe wegen dreifachen heimtückischen Mordes. Der Vorsitzende Richter spricht von einer „brachialen Vorgehensweise weit über das für das Töten eines Menschen Erforderliche hinaus“. Die Kammer stellt zudem die besondere Schwere der Schuld fest. Damit ist es praktisch ausgeschlossen, dass Hartmut F. nach fünfzehn Jahren Haft auf Bewährung freikommen kann. Der Angeklagte bleibt während der Urteilsverkündung ruhig, er wirkt gefasst. Womöglich hat er geahnt, dass er die Höchststrafe bekommen würde. Schließlich hatte er ja schon vor dem Verbrechen im Internet Informationen eingeholt. Bereits drei Tage vor den Morden habe er „Voraussetzungen für ein Tötungsszenario geschaffen und sich mit der Tötung seiner Ehefrau beschäftigt“, sagt der Vorsitzende Richter dazu.

Hauptsächlich sei es Hartmut F. darum gegangen, seine Frau zu töten, so das Gericht. Von den 48 Schüssen, die der Zahnarzt auf seine Gattin abfeuerte, waren schon die ersten tödlich. Viele der Kugeln aus der Maschinenpistole, die aus kürzester Distanz den Körper der Frau trafen, durchschlugen ihren Leib. So wurde auch ihr neuer Freund von diesen Projektilen getroffen. Beide Opfer verbluteten. Bei der Tat sei der zweite Tote „vielleicht nur notwendiger Kollateralschaden gewesen“, sagt der Richter.

Beim Mord an dem dritten Opfer nur eine halbe Stunde nach den ersten beiden Tötungen sei das Motiv Rache und Vergeltung gewesen, führt der Richter aus. Der Täter habe seinen Bekannten für das Scheitern seiner Ehe verantwortlich gemacht, erläutert der Vorsitzende. Der Angeklagte habe sich in einer Situation gesehen, „in der praktisch sein ganzes Leben den Bach runtergegangen war“. Das habe alles umfasst – seine vier minderjährigen Kinder, seine Frau, seine Grundstücke. „Er wusste sich keinen anderen Rat mehr, als auf seine Frau zu schießen.“ Bilder aus Überwachungskameras zeigten, wie der Angeklagte wenige Tage vor der Tat mit zwei Waffen, Magazinen und Schalldämpfern hantiert hatte. Wer sich selbst richten wolle, schraube keinen Schalldämpfer an, sagt der Richter.

Die Schilderungen des Angeklagten zum eigentlichen Tatgeschehen hält das Gericht für widerlegt.

Einen Streit und provokante Bemerkungen der Ehefrau habe es nicht geben können. Dafür sei gar keine Zeit gewesen. Außerdem hätten die ersten Kugeln Hanna F. in den Rücken getroffen. Auch dies spreche dagegen, dass Hartmut F. erst nach einer verbalen Auseinandersetzung die Waffen aus dem Wagen geholt habe. In diesem Fall hätte seine Frau ihm kaum den Rücken zugedreht. Zudem habe der Mann den Motor seines Leihwagens laufen lassen, bei geöffneter Fahrertür. „Das Ganze hatte eindeutig den Charakter eines ‚Hit and Run'."

KLEINES ABC DER SCHUSSWAFFEN

Konventionelle Schusswaffen funktionieren nach einem einfachen Prinzip: Durch Verbrennen des Treibsatzes innerhalb eines geschlossenen Raumes entstehen hohe Drücke, die auf den Geschossboden einwirken. Dadurch wird das Projektil innerhalb des Laufs beschleunigt und verlässt die Mündung mit hoher Geschwindigkeit. Jede Schusswaffe besteht aus bestimmten Baugruppen, die je nach Waffenart große Unterschiede aufweisen können; gemeint sind u.a. Abzug, Abzugsstange, Hahn, Magazin im Griffstück, Verschluss, Schließfeder, Schlagbolzen, Schlagbolzensicherung.

Der Lauf bildet die Beschleunigungsstrecke für das Projektil. Am hinteren Ende des Laufes befindet sich das Patronenlager. Zum Laden wird die Patrone per Hand oder mechanisch hier eingeführt. Das Laufinnenprofil kann glatt oder gezogen sein. Aus glatten Läufen werden Kugeln, insbesondere Schrot, oder Spezialgeschosse verschossen. Gezogene Läufe weisen innenseitig spiralig angeordnete Vertiefungen (Züge) und Erhöhungen (Felder) auf. Die Felder graben sich in die Oberfläche des Geschosses ein und hinterlassen dort Spuren. Durch die spiralige Führung wird dem Geschoss eine Rotation um die Längsachse mitgegeben, welches für die Stabilität beim Flug wichtig ist (Drallstabilisierung). Die Drallrichtung erfolgt meist nach rechts. Die von Colt hergestellten Waffen haben jedoch im Normalfall Linksdrall.

Bekannt wurde das Phänomen der Züge mit Rechts- beziehungsweise Linksdrall insbesondere im Fall von St. Pauli-Mörder Werner Pinzner. Dagobert Lindlau hat in seinem Buch „Der Lohnkiller" diesem Thema ein eigenes Kapitel gewidmet: „10 Züge rechts". Pinzner hat für seine Morde einen Revolver Arminius der Firma Weihrauch verwendet, der als besonderes Kennzeichen neben dem Kaliber .38 spezial durch die sehr seltene Eigenheit „10 Züge rechts" gekennzeichnet ist. Dies wurde geradezu zu einer Art Markenzeichen des Mörders.

Schusswaffen können nach unterschiedlichen Kriterien wie Gebrauchsart, Lauflänge, Laufart, Schießkapazität und Konstruktion eingeteilt werden. Für einhändiges Schießen ausgelegte Waffen werden als Faustfeuerwaffen bezeichnet. Normalerweise handelt es sich dabei um kurzläufige Waffen. Bei langläufigen Waffen sind für die Schussabgabe beide Hände nötig. In Bezug auf die Schießkapazität werden Einzellager, bei denen jeder Schuss einzeln geladen werden muss, und Mehrlader unterschieden. Können bei einer Waffe durch einmaliges Betätigen des Abzugs mehrere Schüsse ausgelöst werden (Serien- oder Dauerfeuer), so liegt ein (Voll-)Automat vor.

Bei langläufigen Waffen werden je nach Art des Laufs Büchsen (gezogener Lauf) und Flinten (glatter Lauf) unterschieden. Bei Faustfeuerwaffen erfolgt in Abhängigkeit von der Konstruktion eine Differenzierung in Pistolen, bei denen Lauf und Patronenlager fest miteinander verbunden sind, und Revolver, bei denen mehrere Patronenlager in einer Trommel drehbar hinter dem Lauf angeordnet sind. Eine automatische Pistole wird Maschinenpistole genannt, sie erfordert allerdings im Normalfall beidhändiges Schießen. Es handelt sich dabei um automatische Waffen für Pistolenmunition mit einer großen Magazinkapazität. Ein bekanntes Beispiel ist die israelische Uzi mit dem Kaliber 9 mm Parabellum.

Pistolen und Revolver, die beide typische Langgeschosse aus gezogenen Läufen verschießen, stellen persönliche Gebrauchswaffen für kurze Distanzen dar. Es versteht sich von selbst, dass jede Schusswaffe sowohl zu Angriffs- als auch zu Verteidigungszwecken eingesetzt werden kann. Gerade die leicht versteckt zu tragenden kurzläufigen Waffen wurden zu Überraschungsangriffen bei Tötungsverbrechen eingesetzt.

Aufgrund der drehbaren Trommel weist jeder Revolver einen schmalen Spalt von ca. 0,1 mm zwischen Lauf und Patronenlager auf. Da hier die Gasdrücke auftreten, können durch diesen Spalt beträchtliche Gasverluste entstehen. Dadurch kommt es zu einer charakteristischen Beschmauchung der Schusshand.

Pistolen sind heute in der Regel mehrschüssige Selbstlader (Halbautomaten). Bei der Schussabgabe wird das Verschlussstück (Schlitten) durch die Kraft der Pulvergase oder den Rückschlag nach hinten bewegt, wirft dabei die verschossene Hülse aus und führt eine neue Patrone aus dem Magazin in das Patronenlager ein. Dadurch ist die Waffe nach 0,1 bis 0,2 Sekunden wieder feuerbereit. Das Magazin ist im Griffstück untergebracht und kann fünf bis acht Patronen fassen, bei neueren Konstruktionen noch deutlich mehr.

Langwaffen haben im Vergleich zu kurzläufigen Waffen eine massivere Verschlusskonstruktion. Dies ermöglicht höhere Gasdrücke und damit höhere Beschleunigungskräfte. Der lange Lauf verbessert Ziel- und Treffgenauigkeit. Büchsenprojektile mit einer hohen Mündungsgeschwindigkeit von 600 bis 1.000 Meter pro Sekunde treffen ein unbewegtes Ziel auf mehrere hundert Meter Schussdistanz. Büchsen sind also sehr präzise Distanzwaffen.

Die zweite Konstruktion von Langwaffen wird Flinte genannt. Abgesehen von massiven Flintenlaufgeschossen werden aus dem glatten Lauf keine Einzelgeschosse, sondern Schrot, also zahlreiche Bleikugeln von wenigen Millimetern Durchmesser, verschossen. Das charakteristische Merkmal des Schrotschusses ist die Streuung der Schrotkugeln vor der Mündung. Dadurch wird die effektive Reichweite auf circa 50 Meter begrenzt. Flinten sind vor allem für bewegliche Ziele auf kurzen Distanzen bestimmt.

Zu den sogenannten Maschinenpistolen gehören beispielsweise die MP 5 und die MP 7 oder auch die Uzi. Sie wurde in den 1950er-Jahren konstruiert und von Uzi Gal, einem aus Deutschland stammenden Waffentechniker, entwickelt. Die Uzi ist eine kompakte Waffe, die vom israelischen Rüstungskonzern Israel Weapon Industries (IWI) hergestellt und weltweit verkauft wird. Das Kaliber der Patronen beträgt 9 Millimeter. Die Munitionszufuhr geschieht über ein Stangenmagazin. 1981 wurde die Mini-Uzi als Maschinenpistole für polizeiliche und militärische Spezialeinheiten weiterentwickelt. Sie ist zum verdeckten Tragen gedacht. Die Feuerrate einer Uzi beträgt mehrere hundert Schuss Munition.

Neben diesen Maschinenpistolen gibt es eine Reihe von Spezialkonstruktionen, auf die hier nicht näher eingegangen werden soll: zum Beispiel Derringer, Pump Gun, Sturmgewehre (wie etwa das sowjetische Modell Kalaschnikow), Drilling.

Zu nennen sind weiterhin spezielle Schusswaffen, die hinsichtlich ihrer Konstruktion und ihres Verwendungszwecks deutlich von konventionellen Schusswaffen abweichen. Bolzenschussapparate werden senkrecht zur Schädeldecke aufgesetzt und zum Schlachten von Vieh benutzt. Eine Kartusche treibt hierbei einen Schussbolzen 7,5 bis 9 Zentimeter weit aus dem Lauf. Ein Freiflug findet nicht statt, da ein Arretierungsring das Bolzenende nicht freigibt. – Suizide mit Bolzenschussapparaten kommen vor allem bei entsprechenden Berufsgruppen vor. Meist wird das Werkzeug analog zum ursprünglichen Verwendungszweck an der

Stirn oder am Scheitel aufgesetzt, dabei wird der Knochen ausgestanzt und das Gehirn zerstört.

Baugewerbliche Bolzensetzwerkzeuge („Stud Gun, Nail Gun“) verschießen freifliegende Projektile und dienen zum Einschießen von Nägeln, Setzbolzen oder Stahlstiften in Holz, Beton oder Stahl. Über tödliche Unfälle wurde in nicht geringer Zahl berichtet, Suizide sind eher selten.

Signalwaffen wurden für Notsituationen, zum Beispiel auf See und in den Bergen, konzipiert. Leucht- oder Signalgeschosse können bei geringen Schussentfernungen auch in den menschlichen Körper eindringen. Wir haben beispielsweise tödliche Verläufe beobachtet, bei denen zusätzlich zur Schussverletzung ein Brand hervorgerufen wurde.

Weiterhin gibt es diverse selbstgebaute Schusswaffen, bei denen Geschosse aus einseitig verschlossenen Metallrohren abgefeuert werden. Dazu gehören zum Beispiel sogenannte Schießkugelschreiber. Die Haltehand ist bei einer solchen Waffe häufig stärkergradig atypisch beschmaucht. Neben Suiziden und Unfällen wurde auch über Fremdtötungen berichtet.

Bei Luftdruckwaffen wird das Geschoss durch die Expansion zuvor komprimierter Gase (Luft oder CO_2) angetrieben. Luftdruckwaffen können kurze oder lange und gezogene oder glatte Läufe haben. Als Geschosstypen werden Spitzkugel-, Rundkugel- oder Diabologeschosse benutzt. Bei kurzen Schussdistanzen kann die menschliche Haut und/oder die Kleidung perforiert werden; besonders gefährdet sind die leicht verletzlichen Augen. In Einzelfällen wurden penetrierende und teilweise tödliche Bauch-, Brust- und Kopfverletzungen berichtet. Die Beschränkung der kinetischen Energie der Geschosse auf 7,5 Joule vermag ernsthafte Verletzungen nicht sicher auszuschließen. In der Regel kommt es allerdings bei Schüssen auf die bekleidete Haut nur zu kleineren Blutergüssen an der Aufprallstelle.

Das Waffengesetz und die Waffenverordnung sind Bundesgesetze. Der Erwerb und das Führen einer Schusswaffe bedürfen der Genehmigung in Form einer Waffenbesitzkarte beziehungsweise eines Waffenscheins. Eine Ausnahme stellt unter anderem die befugte Jagdausübung (Jagdschein) dar. Folgende Personengruppen haben die Möglichkeit, eine Schusswaffe legal zu erwerben: Sportschützen, Jäger, Waffensammler, Bootsführer und „besonders gefährdete Personen". Verbotene Gegenstände sind unter anderem verkürzte oder schnell zerlegbare Schusswaffen, einem anderen Gegenstand ähnliche Schusswaffen, vollautomatische Waffen und Nachtzielgeräte. Erlaubnisfrei sind Waffen, deren Schüsse eine kinetische Energie von 7,5 Joule nicht übersteigen.

Zur Munition: Eine Patrone besteht im Normalfall aus Hülse, Geschoss, Zündelement und Treibsatz (Pulverladung). Die Schussabgabe erfolgt, wenn die Schlagbolzenspitze auf dem Boden der Hülse die Zündkapsel trifft.

Die Bezeichnung von Patronen verweist auf die Doppeldeutigkeit des Begriffs Kaliber. Zum einen wird hiermit der Geschossdurchmesser bezeichnet, zum anderen werden auch die wesentlichen Charakteristika der

Patrone selbst, wie die geometrischen Abmessungen und die Menge der Treibladung, als Kaliber bezeichnet.

Konventionelle Langgeschosse können hinsichtlich der Konstruktion in mehrere Typen unterteilt werden. Vollgeschosse bestehen aus einem soliden Material, meist Blei. Gelegentlich finden auch Kupferlegierungen Anwendung. Bei Mantelgeschossen ist der meist aus Bleilegierungen gefertigte Kern von einer dünnen Schicht aus deformationsstabilem Metall umhüllt. Bei Vollmantelgeschossen ist die Spitze des Geschosses vollständig vom umhüllenden Metall bedeckt. Bei Teilmantelgeschossen liegt der Kern des Geschosses an der Spitze frei. Die relativ weiche Spitze und der Übergang vom Kernmaterial zum Mantel stellen vorgegebene Schwachstellen dar, die eine Deformation oder Fragmentation des Projektils begünstigen. Bei einem Teilmantel-Hohlspitzgeschoss ist das in der Spitze freiliegende Kernmaterial zusätzlich ausgehöhlt. Dadurch werden diese Geschosse schon bei relativ geringer Auftreffgeschwindigkeit deformiert. Dies gilt auch für die sogenannten Dumdumgeschosse.

Leuchtspurgeschosse haben im Heck einen pyrotechnischen Satz, der während des Fluges abbrennt.

Bei Schrotpatronen befinden sich zahlreiche kleine Bleikugeln in einer Schrothülse beziehungsweise einem Plastikbecher. Zwischen Schrot und Treibladung ist ein Filzpfropfen eingefügt, der die Schrote gegen die expandierenden Pulvergase abdichtet.

Platz- und Gaspatronen erzeugen in Alarm-, Schreckschuss- oder Startwaffen einen Knall. Für alle gängigen Faustfeuerwaffen werden ebenfalls Platzpatronen hergestellt. Schreckschusswaffen können mit oder ohne abschraubbarem Schießbecher unterschiedliche pyrotechnische Munition wie Knallkörper, Leuchtpatronen oder Raketenschleifgeschosse verschießen.

Verletzungen durch derartige Waffen können bei geringen Schussentfernungen durch den Gasdruck und, falls vorhanden, durch Hülsen oder Pulverschmauch verursacht werden. Kleine Bestandteile der Patronen können bei geringen Schussentfernungen tief eindringen. Es wurden eine Vielzahl von letalen Verletzungen im Bereich von Kopf und Brust beschrieben, weiterhin auch tödliche Schüsse im Halsbereich und in der Leistenregion.

Der Aufbau von Gaspatronen entspricht im Wesentlichen dem von Platzpatronen. Im relativen Nahschussbereich ruft das Gas brennende Augenschmerzen mit starkem Tränenfluss hervor. Zusätzlich können mechanische oder chemische Augenverletzungen resultieren. – Der Wirkstoff aus CN (Chlorazetophenon) oder CS (Chlorbenzolmalononitril) in kristallisierter Form befindet sich anstelle eines Geschosses oberhalb der Treibladung und wird aus dem Lauf geblasen.

Gummi- und /oder Plastikgeschosse werden von Polizei und Militär in einigen Staaten zur Bekämpfung von Unruhen und Demonstrationen eingesetzt. Die ballistischen Eigenschaften der gummiummantelten Stahl- oder Vollgeschosse variieren. Zahlreiche Verletzungen wurden beschrieben, insbesondere Augenverletzungen und Gesichtsfrakturen. In Einzelfällen kann es zur Penetration des Projektils in die Schädelhöhle kommen und zum Verbluten aus großen Gefäßen im Bereich von Hals, Brust, Bauch und Leiste. Entscheidend ist die Schussentfernung. Vorschriften über Mindest-Schussentfernungen von 50 Metern sind unbedingt einzuhalten.

Schusshemmende Schutzkleidung („kugelsicher") besteht aus mehreren Schichten eines leichten und sehr reißfesten Synthetikmaterials. Am bekanntesten ist das von der Firma DuPont entwickelte Kevlar. In Abhängigkeit von der Schichtdecke des Kevlar kann eine Perforation durch ein konventionelles Faustfeuerwaffengeschoss oder durch Fragmente zuverlässig verhindert werden. Soll die Schutzkleidung auch gegen Büchsengeschosse schützen, so ist eine Verstärkung mit Keramik-, Stahl- oder Titanplatten notwendig. Die Tragbarkeit leidet darunter natürlich beträchtlich.

DALLAS IN HAMBURG

Es war, als hielte Amerika kollektiv den Atem an. Schüsse peitschten durch die Luft, irgendjemand schrie auf. Dann sackte John F. Kennedy zusammen. Der 35. Präsident der Vereinigten Staaten von Amerika war tödlich getroffen worden. Und die Welt schaute live dabei zu. Unfreiwillig, voller Entsetzen. Niemand hatte damit gerechnet, dass dieser Tag in Dallas in einer Tragödie enden würde.

Wenn man unter „Dallas“ und „Schießen/Schießerei“ im Internet surft, findet man natürlich zuerst den Hinweis auf das tödliche Attentat gegen den charismatischen US-Präsidenten am 22. November 1963. Bei dem Anschlag kam Kennedy durch Gewehrschüsse ums Leben, als das Präsidentenehepaar im offenen Wagen in einer Autokolonne durch die texanische Metropole fuhr. Um 12.30 Uhr fielen die Schüsse. Der erste ging fehl. Die zweite Kugel durchschlug Kennedys Hals. Der dritte Schuss traf den Kopf, Hirngewebe spritzte heraus. Kennedy war sofort hirntot. Als Tatverdächtiger wurde Lee Harvey Oswald verhaftet.

Doch einen Prozess gegen den 24-Jährigen hat es nie gegeben. Er wurde ebenfalls erschossen, und auch dieser Mord ereignete sich vor laufenden Kameras. Zwei Tage nach dem Attentat auf Kennedy sollte der in New Orleans geborene mutmaßliche Mörder Lee Harvey Oswald in das Staatsgefängnis von Dallas überführt werden. Der Nachtclubbesitzer Jack Ruby nutzte diese Gelegenheit, um Oswald zu töten. Ruby hatte das Gebäude ungehindert betreten können.

Am 14. März 1964 wurde Ruby des Mordes an Oswald für schuldig befunden und zum Tode verurteilt. Dieses Urteil wurde allerdings im November 1966 von der Berufungsinstanz aufgehoben. Ein neuer Prozess kam wegen Rubys frühem Tod nicht zustande. Am 3. Januar 1967, knapp drei Jahre nach dem Mord an Kennedy, starb der Mörder seines Mörders im Parkland Memorial Hospital von Dallas an Lungenkrebs.

Warum wir das erzählen? Auch in Hamburg ereignete sich ein „Dallas“-Mord. Und auch dieser Täter, der am 19. Januar 2001 im Lokal „Dallas“ in Hamburg-Altona zwei Menschen erschoss und weitere lebensgefährlich verletzte, verstarb wenige Jahre nach seiner Tat an einem Lungenkarzinom.

Der Tod hat viele Gesichter. Häufig nähert er sich langsam, zögernd, gleichsam mit offenem Visier. Er hat Zeit, er muss nicht heimtückisch zuschlagen. Wenn ein Mensch mit langer, schwerster Krankheit darniederliegt, kann Gevatter Tod in aller Ruhe abwarten, bis die Kräfte des Kranken endgültig schwinden. Dann hat er leichtes Spiel.

Doch bei anderen Gelegenheiten schlägt der Sensenmann überraschend zu, aus dem Hinterhalt, unvorhersehbar. Er kann seine Opfer beispielsweise bei einem tödlichen Verkehrsunfall treffen, durch einen Messerstich, bei einem Sturz vom Balkon. Oder durch einen Schuss. Es ist kaum möglich, sich gegen so ein unerwartetes Ereignis zu schützen – ob man nun in einem Lokal sitzt und Opfer eines plötzlichen Racheaktes wird oder als Staatsoberhaupt bei einer öffentlichen Veranstaltung ins Fadenkreuz genommen wird. John F. Kennedy hatte selbst zur Gefahr eines Anschlags einmal erklärt: „Wenn jemand wirklich den Präsidenten der Vereinigten Staaten erschießen wollte, wäre das kein schwerer Job. Man müsste nur eines Tages mit einem Gewehr mit Zielfernrohr auf ein hohes Gebäude hinauf; niemand könnte etwas gegen einen solchen Anschlag unternehmen."

Der Mann, der sehr wahrscheinlich Kennedy erschoss, soll den Ermittlungen zufolge die Kugeln von seinem Arbeitsplatz in einem Schulbuchdepot abgefeuert haben. Auf seiner Flucht hat Oswald noch einen Polizisten mit vier Schüssen aus einem Revolver Smith & Wesson Kaliber 38 getötet. Bei der Ermordung von Präsident Kennedy kam ein Gewehr vom Modell Mannlicher-Carcano zum Einsatz, das italienische Fabrikat eines Repetiergewehrs mit Zielfernrohr. Auf dieser Waffe fand man die Fingerabdrücke von Oswald. Doch der mutmaßliche Attentäter behauptete unermüdlich, nichts mit dem Präsidentenmord zu tun zu haben. „Ich bin nur ein Sündenbock!", rief er.

Die Aufklärung des Mordfalls Kennedy wurde von Anfang an von Pannen, Versäumnissen und Fehlern der Ermittlungsbehörden, Geheimdienste, Ärzte und Untersuchungskommissionen beeinträchtigt. Die Einzeltäterthese wird bis heute kontrovers diskutiert. Verschwörungstheorien kursierten vielfach.

Die Stadt Dallas in den USA steht in Verbindung mit diversen weiteren Schießereien in neuerer Zeit, von denen hier einige wenige angeführt werden sollen:

Am 12. Februar 2016 wurden bei zwei Schießereien in der US-Großstadt mindestens vier Menschen getötet und vier weitere verletzt. Nur rund fünf Monate später, am 8. Juli 2016, wurden bei Protesten gegen Rassismus in Downtown Dallas fünf Polizisten von Heckenschützen getötet. Zuvor hatte es in der Stadt friedliche Proteste gegen Polizeigewalt gegenüber Afroamerikanern gegeben. Die Männer, die die tödlichen Kugeln abgefeuert hatten, wurden wiederum von der Polizei erschossen. Der damalige Präsident Barack Obama zeigte sich tief bestürzt. Er sprach von gezielten Attacken gegen Polizisten.

Und am 11. September 2017 wurden in Plano, einem Vorort von Dallas, auf einer Football-Party sieben Menschen erschossen. Zuvor war es zwischen dem mehrfachen Mörder und einem anderen Mann zu einem Streit gekommen. Der Todesschütze selbst wurde wiederum von der Polizei erschossen.

In den USA gehören Schießereien sozusagen zur Tagesordnung. Ein schockierendes Verbrechen ereignete sich ebenso am 19. Januar 2001 gegen 2.05 Uhr im Lokal „Dallas" in Altona. Hier kam es zu einem Blutbad. Bei einer Schießerei tötete der Täter zwei Menschen und verletzte drei weitere Männer lebensgefährlich. Während seiner Flucht schoss der 46-Jährige auf zwei eintreffende Polizeibeamte, die das Feuer erwiderten und ihn schließlich zum Aufgeben zwangen. Dabei wurde vom Täter noch ein Polizeihund angeschossen.

Aber der Reihe nach: Was geschah in dieser Nacht vom 18. auf den 19. Januar am Kaltenkircher Platz in Hamburg-Altona?

Die letzten Gäste waren schon gegangen, nur bei der Pokerrunde mit Spielern in einem Hinterzimmer brannte noch Licht. Es war kurz nach 2 Uhr. Die vier Kartenspieler waren Bekannte, die alle aus dem ehemaligen Jugoslawien nach Deutschland und nach Hamburg gekommen waren. Sie trafen sich hier mit Kosovo-Albanern. Als die vier Männer in ihr Pokerspiel versunken waren, kam der 45-jährige Shaban S. spät abends dazu. Kurz vor 2 Uhr schickten die Kartenspieler Shaban S. mit anzüglichen Bemerkungen weg: „Hör auf, uns in die Karten zu schauen“, sagten sie zu dem Kiebitz, der das Spiel mit seinen Gesten und Bemerkungen offensichtlich störte.

Wegen dieser Worte hat der Albaner dann ein Blutbad angerichtet.

Als er von den Kartenspielern hinauskomplimentiert worden war, begab er sich zunächst in seine Wohnung im gleichen Gebäude, wo er seine Waffe ergriff, einen Revolver des Fabrikats Luger, 44er Magnum. Rachegedanken trieben ihn an. Ermittlungen zufolge ereignete sich danach Folgendes: Shaban S. trinkt noch im Gastraum des Lokals zwei Gläser Weinbrand. Danach betritt er mit der erhobenen Waffe in beiden Händen das Hinterzimmer. Gezielt feuert er auf die ahnungslose Gruppe von Kartenspielern.

Einem Opfer schießt er ins Bein. Als der Mann ihn anfleht, ihn nicht zu töten, legt Shaban S. erneut an und streckt ihn nieder. Einem anderen, der aus dem Raum hat fliehen wollen, schießt er „hinrichtungsartig" zweimal in den Rücken. Das Opfer stirbt noch am Tatort. Mindestens einmal hat der Täter nachgeladen. Er feuert noch auf eine Frau und zwei weitere Männer. Zwei Monate nach dem Verbrechen erliegt das weibliche Opfer seinen schweren Verletzungen.

Nachdem Shaban S. die fünf Personen im Lokal niedergeschossen hat, versucht er zu fliehen. Aber die Tür des Lokals ist abgeschlossen. Das hat der Betreiber offenbar noch bewerkstelligt, als die ersten Schüsse durch den Gastraum peitschten. Shaban S. schlägt daraufhin eine Scheibe ein und springt durch das zertrümmerte Fenster ins Freie, direkt vor zwei Streifenwagen von Hundeführern. Die Beamten sind zufällig in der Nähe gewesen, als der Notruf bei der Polizei auflief, und konnten so innerhalb kürzester Zeit am Tatort sein. Nun liefert sich Shaban S. noch ein Feuergefecht mit der Polizei.

Der 45-Jährige schießt ohne zu zögern auf die Beamten. Kugeln durchschlagen die Streifenwagen, verletzen den Polizeihund. Der angetrunkene Täter gibt erst auf, nachdem er seinen Revolver leergeschossen hat.

Das Bild, welches sich den einschreitenden Polizeibeamten und später den Rettungskräften bot, glich einem Schlachtfeld. Für den 51-jährigen Andrija N. kam jede Hilfe zu spät. Der Mann wies zwei Brustkorb-Durchschussverletzungen auf, jeweils mit Einschuss am Rücken. Im Verlauf der Schusskanäle waren Herz und Lunge schwerst verletzt, und es kam zu Schussbrüchen mehrerer Rippen. Weiterhin hatte der Mann einen Brust-Steckschuss und einen Unterarm-Durchschuss rechtsseits. Todesursache war ein beidseitiger Hämatopneumothorax sowie Verbluten.

Die durch einen Bauchschuss schwer verletzte Gordana S. wurde mehrfach operiert. Die 54-Jährige hatte eine komplexe Verletzung mit Einschuss im rechten Unterbauch, Verlauf des Schusskanals durch Bauch und Brust sowie Ausschuss im linken Brustbereich. Im Verlauf des Schusskanals waren Dickdarm, Dünndarm, Magen, Milz und Lunge verletzt. Massen-Bluttransfusionen wurden erforderlich. Die erste Operation dauerte mehr als zwölf Stunden. Die Frau verstarb schließlich nach zwei Monaten auf der Intensivstation an einer nicht beherrschbaren Lungenentzündung und Sepsis. Drei Männer überlebten die Schießerei, zum Teil mit erheblichen bleibenden Behinderungen.

Im Prozess wurde der Angeklagte im August 2001 wegen zweifachen Mordes und dreifachen versuchten Mordes zu einer lebenslänglichen Gefängnisstrafe verurteilt. In ihrem Urteil sprachen die Richter von einer „furchtbaren Bluttat". Als Ursache beziehungsweise Motiv für das Verbrechen nannten sie Alkoholeinfluss, Depressionen und verletztes Ehrgefühl. Trotzdem habe der Familienvater „durchaus zielgerichtet und planvoll" gehandelt. Dabei habe er die „Arg- und Wehrlosigkeit der Opfer erkannt und ausgenutzt".

Der Täter habe das Lokal nur verlassen, um seine Schusswaffe zu holen und dann seine „Rachepläne" zu verwirklichen. „Er handelte mit besonderer Kaltblütigkeit und erbarmungsloser Brutalität", sagte der Vorsitzende Richter in seiner Urteilsbegründung. Die besondere Schwere der Schuld wurde von der Kammer des Landgerichts Hamburg ausdrücklich festgestellt.

Prof. Klaus Püschel: „Der verurteilte Mörder Shaban S. wurde für mich später zu einer tragischen Figur. Ich habe ihn im Dezember 2007 mehrfach in der Ambulanz sowie im Zentralkrankenhaus der Untersuchungshaftanstalt Hamburg ärztlich untersucht. Er war mittlerweile selbst von schwerer Krankheit gezeichnet. Shaban S. verstarb infolge eines weit fortgeschrittenen metastasierten Lungenkrebsleidens im Endstadium Mitte Januar 2008, also fast genau sieben Jahre nach seinem Amoklauf im Lokal ‚Dallas'.

Zu jener Zeit habe ich mehrfach Häftlinge mit schweren Erkrankungen für die Gnadenabteilung der Staatsanwaltschaft Hamburg begutachtet. Bei diesen Häftlingen entstand die Frage, ob sie angesichts ihrer schweren Krankheit sozusagen zum Sterben in die palliative Station eines Hospizes außerhalb des Gefängnisses entlassen werden könnten. Ich erinnere mich zum Beispiel an einen mehrfachen Vergewaltiger, der im Alter von etwas über vierzig Jahren eine unheilbare Blutkrebserkrankung hatte, sowie an einen wegen Totschlags verurteilten Krebskranken mit einem metastasierten Prostatakarzinom. Die Problematik bestand darin, eine eindeutige begrenzte (negative!) Überlebensperspektive festzustellen und dabei auch die Prognose abzugeben, der Betreffende werde in der letzten ihm noch verbleibenden Lebensphase in Freiheit keine erneute Gewalttat begehen.

Im Fall des mehrfachen Mörders Shaban S. war die Situation für mich eindeutig. Der Mann hatte nur noch eine sehr begrenzte Überlebensperspektive in schwerkrankem Zustand mit starker Atemnot und Sauerstoffbedarf. Von ihm ging jetzt keine akute Gefahr mehr für andere aus. Neben meiner im Hinblick auf das Überleben negativen Prognose habe ich die Empfehlung ausgesprochen, der Mann solle zum Sterben im Kreis der Familie kurzfristig in den Kosovo ausgeflogen werden. Die Staatsanwaltschaft war dazu prinzipiell auch bereit. Es wurden die nötigen Schritte eingeleitet, um den Sterbenden auf dem Gnadenweg in seine Heimat zu entlassen. Jedoch: Ehe die erforderlichen verwaltungstechnischen Schritte vollzogen werden konnten, verstarb Shaban S.

Als ich den Mann zweimal längere Zeit in der Ambulanz und im Zentralkrankenhaus des Untersuchungsgefängnisses untersuchte, war dies für mich eine sehr ernste, bedrückende Situation. Der Mörder war jetzt selbst vom Tod gezeichnet. Ein Mann, der in einer Raserei zwei Menschen getötet und drei schwer verletzt hatte, war jetzt nur noch ein leidender Patient, geplagt von schwerer Atemnot, ausgezehrt, ein körperliches Wrack, gezeichnet von der tödlichen Krankheit – für einen Rechtsmediziner eine ungewohnte Situation. Jetzt war ich nicht mehr der kühle, rationale rechtsmedizinische Gutachter und Anwalt der Opfer, sondern zugleich der ärztlich-klinische Gutachter, der einen todkranken Mörder zu beurteilen und dabei Fragen eines humanen Sterbens zu berücksichtigen hatte.

Rechtsmedizin ist wirklich sehr breit gefächert. Bei der Arbeit in diesem Fach muss man sich immer wieder seiner besonderen Verantwortung als Gutachter bewusst sein, in jeder Hinsicht, objektiv, unparteiisch, rational und gerecht unter dem Blickwinkel der Rekonstruktion des Tatgeschehens, der Spurensicherung und Dokumentation zum Opfer sowie auch im Hinblick auf die Untersuchung und gutachterliche Beurteilung des Täters."

WENN DER JÄGER ZUM OPFER WIRD

„Sag mir, mit wem du jagen gehst, und ich sage dir, wie du nach Hause kommst.“ Diese Weisheit kennt viele mögliche Antworten. Der Jäger kann zum Beispiel euphorisch heimkehren, wenn ein kapitaler Hirsch erlegt wurde. Oder schlecht gelaunt, wenn es die ganze Zeit geschüttet hat. Frustriert, wenn der Erfolg ausblieb. Oder – leblos! Waagerecht im Zinksarg. Gestorben nach einer tödlichen Schusswunde.

Die Jagd ist für viele eine Leidenschaft, für manche Inspiration. Und für einige wenige die Todesursache. Denn wo mit Schusswaffen umgegangen wird, kommt es auch zu letalen Unglücksfällen. Trotz verpflichtender Jagdausbildung mit Erwerb eines Jagdscheins werden immer wieder Menschen bei der Jagd oder beim Umgang mit Jagdwaffen verletzt oder getötet. Jedes Jahr gibt es allein in Deutschland bis zu vierzig Todesfälle im Zusammenhang mit der Jagd oder durch Jäger fernab vom Revier beziehungsweise mit Jagdwaffen.

Allerdings: Nicht bei jedem Todesfall auf der Jagd, auf dem Hochsitz oder im Jagdhaus liegt eine Schussverletzung vor. Es kommt ebenso zu einer Reihe natürlicher Todesfälle aus innerer Ursache. Viele Jäger sind schon etwas älter, dementsprechend häufen sich körperliche Erkrankungen. Zu denken wäre etwa an einengende Herzkranzschlagaderverkalkung, Herzinfarkt, durch Bluthochdruck bedingte Hirnblutung mit Schlaganfall.

Man erinnere sich beispielsweise an den nicht unumstrittenen deutschen Politiker Franz Josef Strauß, seinerzeit CSU-Vorsitzender und bayerischer Ministerpräsident, der am 1. Oktober 1988 bei der Jagd zusammenbrach. Strauß war zuvor mit einem Hubschrauber vom Oktoberfest aus München kommend in der Nähe von Regensburg beim Jagdschloss Aschenbrennermarter eingetroffen, um an einer von Johannes von Thurn und Taxis veranstalteten Hirschjagd teilzunehmen. Hier kollabierte Strauß plötzlich. Dabei erbrach der 73-Jährige und aspirierte einen Teil des Erbrochenen. Zwei Tage später verstarb er an einem Multiorganversagen.

Todesfälle im Zusammenhang mit der Jagd sowie durch Jagdwaffen waren für die Hamburger Rechtsmedizin über Jahrzehnte stets Geschehnisse, die mit besonderer Akribie analysiert und ausgewertet wurden. Das lag daran, dass der frühere Chef Prof. Werner Janssen, genannt Krimi-Janssen, ein begeisterter Hobbyjäger war, der sich mit Schusswaffen bestens auskannte und Todesfällen durch Schuss seine besondere Aufmerksamkeit widmete. Darüber wollte er von seinem Team alles wissen, auch als er selbst nur noch wenig obduzierte. Und selbst dann noch, als er schon längst pensioniert war. Er ging sogar mit 97 Jahren noch regelmäßig in Mecklenburg zur Jagd, gleichermaßen bewundert für seine Disziplin und seine ruhige Hand.

Seine Begeisterung und sein detektivisches Interesse übertrugen sich vom Chef auf die Mitarbeiter. Werner Janssen war geradezu elektrisiert von diesen Fällen. Er trieb sein Team an, stets sämtliche Details zum Schützen, zur Waffe, zur Schussabgabe und zu den sonstigen Umständen genauestens zu rekonstruieren. Dabei ging es speziell um eine sorgfältige Mängelanalyse. Diese ist extrem wichtig und kann helfen, Fehler in Zukunft zu vermeiden.

Werner Janssens Faszination für Schusswaffen ging so weit, dass er im Keller des Instituts für Rechtsmedizin einen Schießstand einrichten ließ und darüber hinaus eine kleine Waffensammlung bereithielt. Es war ihm wichtig, Tatwaffen in Bezug auf ihre Handhabung selbst zu testen. Sein Team gab dann Probeschüsse ab – natürlich erst, nachdem die speziellen kriminaltechnischen und ballistischen Untersuchungen der Polizei abgeschlossen waren. Zu Zeiten von Werner Janssen wurden in der Rechtsmedizin diverse Schießexperimente durchgeführt, um den Erfahrungshorizont für die Rekonstruktionen von Schussverletzungen zu erweitern.

Wegen dieser speziellen Interessen im Hinblick auf die Untersuchung und Beurteilung von Schussverletzungen hatte die Hamburger Rechtsmedizin stets sehr enge Kontakte zu den Schusswaffenexperten bei der Polizei; mit diesen zusammen wurden mehrere wissenschaftliche Arbeiten verfasst.

Generell ist festzustellen, dass Schuss-Todesfälle bei der Jagd fast ausnahmslos auf menschlichen Fehlern beruhen, die auf zwei Grundübel zurückzuführen sind: Unvorsichtigkeit und Nicht-Einhaltung von Jagdregeln. Hierfür einige Beispiele.

Fall 1: Ein 78-jähriger Jäger wurde im Kreis Lüneburg vor seinem Ansitzwagen tot aufgefunden. Zeugen für die Tat gab es keine, und es war völlig unklar, um welche Art von Delikt es sich hierbei handelte. In unmittelbarer Nähe des Leichnams lag seine Waffe, eine Bockbüchsflinte. Der Tote wies eine typische Schussverletzung auf mit einem Einschuss in der linken Brust und einem Ausschussdefekt im Rückenbereich. Eingehende rekonstruktive Untersuchungen des Geschehensorts führten schließlich zu der Erkenntnis, dass der Mann Opfer eines tragischen Unfalls geworden war. Der Abzug seiner Waffe muss sich hinter einem Knopf des Sitzpolsters, das sich im Ansitzwagen befand, verhakt haben. Als der Jäger, vor dem Wagen stehend, das Gewehr zu sich herausziehen wollte, kam es durch den verkanteten Knopf zum Schuss, und der Mann erlitt seine tödliche Verletzung. Er verstarb durch Verbluten noch am Unfallort.

Fall 2: Ein ganz ähnlicher Fall ereignete sich 2004, als ein 66-jähriger Jäger tot am Fuße eines Hochsitzes gefunden wurde. Er wies einen Schussdefekt im Brustbereich auf. Ein Zeuge hatte in einigem Abstand zwei Schüsse gehört, gesehen hatte jedoch niemand etwas. Die Waffe des Mannes, eine Jagdbüchse, wurde oben auf dem Hochsitz gefunden, der Lauf zeigte in Richtung der Leiter. Außerdem lag hier ein Rucksack, welcher letztendlich die Erklärung lieferte.

Das Opfer hatte, so die Rekonstruktion, einen gezielten Schuss abgegeben, vermutlich auf ein Wildschwein. Dann hatte er die Waffe an einen Stuhl, in unmittelbarer Nähe des Rucksacks, gelehnt und den Hochsitz aus nicht geklärten Gründen verlassen. Für das, was geschah, nachdem er wieder hinaufgeklettert war, kommen nun unterschiedliche Unfallhergänge in Betracht. Sicher ist, dass der Riemen des besagten Rucksacks sich derart im Abzugsbereich der Waffe verhakt hatte, dass das Abzugsgewicht herabgesetzt war. Zur Schussabgabe kann in dieser Situation beispielsweise ein Umfallen oder Rütteln am Gewehr gereicht haben. Der Jäger verlor den Stand auf der Leiter und fiel hinab, wobei er auf einem Querbalken des Hochsitzes aufkam, sich überschlug und schließlich auf dem Waldboden zu liegen kam. Die Obduktion zeigte einen Schusskanal von der linken Brust bis zum Ausschuss im Rücken.

Fall 3: Hier war eine weitere Person am Unfallgeschehen beteiligt. Zwei dänische Staatsbürger, beide erfahrene Freizeitjäger, waren gemeinsam zur Jagd gefahren. Sie hatten am Unfalltag schon einige Schüsse abgegeben, wobei einem der Männer auffiel, dass seine Waffe nicht richtig justiert war. Als sie in ihre Jagdhütte zurückgekehrt waren, aßen sie etwas und tranken Alkohol.

Der Freund des späteren Opfers befestigte nun dessen Waffe, die zuvor ungenügend genau gefeuert hatte, auf einem Schießstock, um sie zu justieren. Warum der andere Mann in den Bereich vor der Mündung trat oder wie genau es zur Schussabgabe kommen konnte, ist nicht bekannt. Sicher ist nur, dass sich ein Schuss löste und den zweiten Jäger in der Brust traf. Ein Notarzt versuchte noch, den Mann zu reanimieren. Er wurde auch in ein Krankenhaus eingeliefert, wo er jedoch kurz darauf infolge starker innerer Blutungen verstarb. Es wurde ein Blutalkoholwert von 0,58 Promille ermittelt. Der zweite Mann wurde wegen fahrlässiger Tötung angeklagt.

Fall 4: Ein ausländischer Jagdgast stürzte auf einem durchfurchten Waldweg mit seiner geladenen, ungesicherten Büchse zu Boden. Nachdem er sich aufgerichtet hatte, blickte er zum Erstaunen anderer dabeistehender Jäger in die Laufmündung seiner Waffe, vermutlich um festzustellen, ob Schmutz hineingelangt war. Gleichzeitig löste sich aus der Waffe ein Schuss, der im Bereich des linken Auges in den Schädel eindrang und den sofortigen Tod des Mannes bewirkte.

Der 32-Jährige war in seinem Heimatland extrem hoch unfallversichert. Die Versicherung, die nun Gutachter einschaltete, ging von einem Suizid aus und lehnte eine Geldzahlung ab. Nach Prozessen durch mehrere Instanzen wurden vor dem höchsten Zivilgericht des Landes zwei rechtsmedizinische Experten gehört. Der eine bezog sich auf sein großes Untersuchungsgut an Suiziden durch Erschießen im Gebiet der Hauptstadt des Landes und hielt einen Selbstmord für möglich. Der andere Rechtsmediziner, zugleich erfahrener Jäger, verwies auf das gleiche Untersuchungsgut des Kollegen und machte geltend, dass darunter kein Suizident zu finden sei, der sich selber ins Auge geschossen hatte. Dieser Experte sprach sich dafür aus, dass es sich wahrscheinlich um ein Unfallgeschehen handelte. Das Gericht entschied daraufhin auf Zahlung der gesamten Versicherungssumme.

Fall 5: Beim Frettieren, also bei einer Kaninchenjagd mithilfe gezähmter Marder, kam es für einen Jäger zu einem tödlichen Unfall. Der Mann wurde von seinem mit einer Umhängeleine am Körper angeleinten Jagdhund zu Fall gebracht, als ein Kaninchen aus einem Bau sprang. Durch den Sturz des Jägers löste sich aus seiner Schrotflinte ein Schuss und verletzte einen etwa zehn Meter entfernt stehenden weiteren Jäger an Kopf und Hals tödlich.

Das Gerichtsverfahren wegen fahrlässiger Tötung wurde gegen Zahlung einer Geldbuße eingestellt. In der Hauptverhandlung hatte nämlich ein leitender Forstbeamter als Sachverständiger ausgeführt, dass beim Springen eines Kaninchens während der Frettchenjagd das Einspringen eines Hundes zur Verfolgung des Wildes nicht sicher zu vermeiden sei.

Auch wenn dadurch das Verfahren für den angeklagten Jäger „glücklich" endete: Prof. Werner Janssen hat seinerzeit dieser Sachverständigenmeinung eindeutig widersprochen, nachdem er sich bei anderen erfahrenen und anerkannten Jagdgebrauchshunde-Führern erkundigt hatte. Denn: „Ein Hund, der nicht gehorcht, gehört nicht auf die Jagd!"

Fall 6: Ein 56-jähriger Geschäftsmann und Jäger, der offensichtlich seine Flinte reinigen wollte, wurde, nachdem man in der Nachbarschaft einen Schuss gehört hatte, in der Küche seines Hauses aufgefunden. An seiner linken Brustseite hatte er einen Einschuss. Neben ihm lag seine Bock-Doppelflinte Kal. 12770. Der obere Lauf war frisch abgeschossen, der untere noch geladen. Die ermittelnde Polizei ging von einem Schuss mit aufgesetzter Waffe aus und rekonstruierte folgende Situation: Der Trageriemen war an der oberen Öse der Waffe gelöst und vor dem vorderen der beiden Abzüge unter dem Abzugsbügel hindurchgezogen.

Die Beamten waren von einem Suizid überzeugt. Sie nahmen an, dass der Mann den Flintenlauf mit den Händen gegen seine linke Brustseite richtete, dann den durchgezogenen, herunterhängenden Riemen mit einem Fuß am Boden fixierte und die gesamte Waffe anhob. Dadurch wurde der Riemen gespannt und gegen den vorderen Abzug gedrückt – und der Schuss löste sich. Für einen Suizid sprach darüber hinaus, dass der Erschossene wirtschaftliche Sorgen gehabt haben soll, was später von der Familie bestritten wurde. Auf eine Obduktion oder sonstige Dokumentation wurde verzichtet.

Die Unfallversicherung lehnte jegliche Leistung ab, und die Hinterbliebenen klagten zunächst ohne Erfolg dagegen. Vor dem Oberlandesgericht schließlich wurden erstmals Sachverständige gehört, ein Schusssachverständiger der Polizei und ein Rechtsmediziner. Beide mussten an der Originalwaffe feststellen, dass, wie allgemein üblich, mit dem vorderen Abzug der untere Lauf und mit dem hinteren der obere Lauf, der abgeschossen vorgefunden war, bedient wurden. Eine Verlagerung des Riemens nach Abgabe des Schusses vom hinteren vor den vorderen Abzug war bei dem sehr geringen Abstand zwischen Abzugspitze und Abzugsbügel nicht möglich.

Damit ergab sich ein Widerspruch zwischen der primär rekonstruierten suizidalen Schussauslösung und den waffentechnischen Gegebenheiten. In der angenommenen Weise konnte der tödliche Schuss nicht beigebracht worden sein. Trotz der sonst hoch verdächtigen Fundsituation war damit ein Suizid nicht zu beweisen. Der Prozess endete mit einem Vergleich.

Fall 7: Zwei Jäger, 50 und 28 Jahre alt, wurden in ihrem Revier von einem desertierten ausländischen Soldaten erschossen. Hintergrund war, dass sie ihn wegen eines im Wald angefachten Feuers zur Rede stellen wollten. Dabei zog der Soldat plötzlich eine 9-mm-Pistole und schoss sechsmal von vorne auf beide Jäger, die sich noch vergeblich zu wehren versuchten. Kurz darauf verstarben die Opfer. Die Untersuchung ergab Einschüsse von vorne im Gesichts-, Hals- und Brustbereich. Der Soldat, der den Jägern noch ihre Waffen und Fotoausrüstung raubte, stellte sich später der Polizei.

Fall 8: Als er zur Heimfahrt in seinen Pkw steigen wollte, wurde ein 44-jähriger Jäger im Wald von zwei Tätern mit einer 7,65-mm-Pistole siebenmal in den Rücken geschossen. Der Jäger war sofort tot. Die Täter, die später gefasst wurden, raubten seine Waffe (Drilling) zur Begehung weiterer Straftaten. Die Untersuchung ergab hier zweifelsfrei Einschüsse durch die Kleidung im Rücken mit mehrfach tödlicher Verletzung von Brustorganen.

Fall 9: Diesen Fall berichtete Prof. Janssen aus seiner Heidelberger Zeit. Ein Förster wurde von zwei Wilderern, die er zuvor im Revier festgenommen hatte, plötzlich überwältigt und durch Nahschuss in den Kopf umgebracht. Die Täter legten den Getöteten zusammen mit seiner Büchse auf den Gleiskörper einer im Wald verlaufenden Eisenbahn, um einen Unfall oder Suizid vorzutäuschen. Das gelang ihnen zunächst, bis ein Gerichtsmediziner in mühseliger Präparationsarbeit den Schädel des Mannes wiederherstellte. So wurde eine Auseinanderreißung durch Schusseinwirkung festgestellt. Die daraufhin durchgeführte Fahndung hatte Erfolg, und die Täter wurden als Mörder verurteilt.

Alle diese Beispiele zeigen: Man kann bei einem Umgang mit Schusswaffen im Allgemeinen und bei der Jagd im Besonderen nie genug Vorsicht walten lassen. Das wahre Leben bietet viel mehr Raum für Verbrechen oder Unglücksfälle, als wir es gemeinhin für möglich halten. Einen soliden Überblick über die Schuss-Todesfälle der Region Hamburg und Umgebung liefert die Rechtsmedizin, wo seit fünf Jahrzehnten alle Fälle systematisch ausgewertet werden. Im Einzugsbereich des Instituts kommt es jährlich etwa ein- bis zweimal zu derartigen Todesfällen bei der Jagd beziehungsweise mit Jagdwaffen.

Unter diesen Schuss-Todesfällen befinden sich fast nur Männer. In zehn bis zwanzig Prozent der Fälle sind Berufsjäger betroffen. Die Altersverteilung der Opfer zeigt keine besonderen Charakteristika. Bei den Unfällen gab es eine gewisse Häufung beim mittleren Lebensalter, bei den Tötungsdelikten eher jüngere Opfer, bei den Suiziden waren alle Altersgruppen einschließlich einzelner alter Menschen vertreten. Die Auswertung der Jahreszeit der Vorkommnisse ergab keine Besonderheiten; ungewöhnliche tageszeitliche Häufungen waren ebenfalls nicht festzustellen.

Die verwendeten Waffenarten waren sehr unterschiedlich. Bei den Unfällen dominierten Büchsen einschließlich Kleinkalibergewehren, bei den Suiziden und Tötungsdelikten Schrotflinten. Viermal erfolgten Tötungen an Jägern mittels Kurzwaffen (Pistolen).

Die Einschuss-Lokalisationen lagen bei allen drei Todesarten überwiegend in der Kopf- und Halsregion sowie im Brustbereich. Bei den Suiziden gab es eine Vielzahl von letalen Kopfwunden, wobei Mundschüsse dominierten. Bei Unfällen waren die Kopfeinschüsse stets vorne im Gesicht lokalisiert. Im Rückenbereich gelegene Einschuss-Lokalisationen waren bei Suiziden nicht festzustellen, dagegen vereinzelt bei Unfällen mit Tötung einer anderen Person und ebenso bei Tötungsdelikten. Bei den Unfällen lag stets nur eine einzige Schussverletzung an der getöteten Person vor, ebenso, mit einer Ausnahme, bei den Suiziden. Bei den Tötungsdelikten bestanden in manchen Fällen auch mehrere Schussverletzungen.

Der Ort des Geschehens lag bei allen drei Todesarten zu einem großen Teil der Vorfälle im Revier, bei den Suiziden aber auch im häuslichen Bereich. Die Verteilung der Tötungsdelikte ist eher regellos. In mehreren Fällen wurden Jäger im Revier erschossen und danach mit den gestohlenen Jagdwaffen weitere Straftaten verübt. Hervorzuheben sind Schuss-Todesfälle, die beim Übungsschießen auf Schießständen erfolgten und zweimal in der Nähe stehende Personen betrafen.

Bei internationalen Vergleichen von Schuss-Todesfällen auf der Jagd ist zu berücksichtigen, dass die Anzahl der Jäger in den Ländern sehr unterschiedlich ist. In Deutschland gibt es etwa vier Jäger auf 1.000 Einwohner, in Frankreich beispielsweise fast zehnmal so viele, in Finnland noch einmal deutlich mehr.

Im Hinblick auf waffentechnische Aspekte und bezüglich der Wundmorphologie lässt sich Folgendes feststellen: In 90 Prozent der Fälle werden die Verletzungen durch Langwaffen verursacht (Flinten oder Büchsen), nur in wenigen Fällen durch Kurzwaffen (Pistolen), die für den jagdlichen Gebrauch bestimmt waren.

Für die Schussverletzungen sei auf folgende Besonderheiten hingewiesen: Nahschüsse mit Schrotflinten führen bei scharf abgegrenztem, kalibergroßem Einschuss ohne Schrotstreuung schon in einer Schusskanaltiefe von wenigen Zentimetern innerhalb der Brustwand zu großflächigen Zertrümmerungen. Dabei werden in der Regel außerdem knöcherne Brustwandteile herausgesprengt. Vergleichbar ist diese Sprengwirkung mit einem Schrapnelleffekt, der beim Auftreten der noch geschlossenen, meist durch einen Schrotbecher zusammengehaltenen Schrotkugeln auf knöchernen Widerstand ausgelöst wird.

Ähnlich schwere Verletzungen können durch Flintenlaufgeschosse wie beispielsweise dem Modell Brenneke verursacht werden. Sie bestehen vollkommen aus Blei, und ihr Kaliber entspricht dem der Flinten, aus denen sie verschossen werden.

Von anderer Qualität waren die Verletzungen durch Geschosse (Projektile), die aus Jagdbüchsen verfeuert wurden. Nach ihrer Konstruktion sollten sie – für jagdliche Zwecke bestimmt – eine möglichst schnell tötende Wirkung haben. Deshalb werden meist Teilmantelgeschosse verwendet, die in ihrem vorderen Teil den Bleikern freilassen oder deren Spitze nach Art von Dumdumgeschossen ausgehöhlt ist. Ihre Wirkung beruht auf der Deformierung bei hoher Auftreffgeschwindigkeit. Ihre Spitze muss so beschaffen sein, dass sie auch bei reinen Weichteilschüssen sofort staucht, den Mantel zerreißt und dadurch tödliche Zerstörungen im Inneren des Wildkörpers verursacht. Auf diese Weise soll das Geschoss den größten Teil seiner Energie im erlegtem Wild verbrauchen.

Dementsprechend schwer waren die Verletzungen bei einigen durch Büchsenschuss getöteten Menschen. Die Geschosse hatten sich zum Teil ohne Knochenberührung zerlegt und nach Art einer Sprengwirkung starke Zertrümmerungen im Verlauf des erweiterten Schusskanals verursacht.

Die Unfallursachen, die in unserer Auswertung festzustellen waren, und viele andere Unfälle, die durch Mitteilungen in Jagdzeitschriften und in der Fachliteratur bekannt wurden, umfassen ein breites Spektrum. Die Unfallmöglichkeiten sind in Jagdkreisen mehr oder weniger geläufig. Und es darf angenommen werden, dass jeder erfahrene Jäger Unfälle und noch glimpflich ausgegangene „Beinahe-Unfälle“ durch Schusswaffen miterlebt hat. Die Ursachen haben eine tragische Bedeutung, besonders wenn nicht nur der Verursacher selbst, sondern Unbeteiligte davon betroffen werden. Dies ist relativ oft der Fall. Häufigste Unfallursachen waren das unvorsichtige Hantieren mit der Waffe vorwiegend beim Laden und Entladen sowie der Umgang mit geladenen Waffen außerhalb der unmittelbaren Jagdausübung.

Ein Wort zum Problem Alkohol. Dies ist bekanntlich ein Thema, welches in der Rechtsmedizin regelhaft überprüft wird. Hierzu hat das Bundesverwaltungsgericht eindeutig entschieden: Benutzt ein Waffenbesitzer im alkoholisierten Zustand seine Schusswaffe, rechtfertigt dies die Annahme, dass er im waffenrechtlichen Sinne unzuverlässig ist. Damit verliert dieser Mensch seinen Waffenschein.

Abschließend ist festzustellen, dass Tötungsdelikte mit Jagdwaffen und im Bereich der Jagd prinzipiell in der gleichen Weise zu untersuchen und unter Berücksichtigung jagdlicher Gegebenheiten zu beurteilen sind wie Unfälle und Suizide. Wichtig ist aber, dass bei Fundsituationen, die wie Unfall oder Suizid aussehen, selbstverständlich auch an ein manipuliertes Tötungsdelikt gedacht wird. Die Fantasie der Täter ist durchaus erfinderisch. Aber die Schusswaffenexperten und die Rechtsmediziner verstehen ihr Handwerk: Sie finden die Wahrheit heraus.

„DER TUT MIR NICHTS“

Der Ort Wischhafen ist den meisten Menschen in Norddeutschland allenfalls als Hörer von Verkehrsnachrichten ein Begriff – wenn die Wartezeit an der Fähre über die Elbe nach Glückstadt wieder einmal eine Stunde oder länger beträgt. Ein kleiner Hafen, Wohnhäuser mit Gärten, die an den Strom grenzen, und viel Grün: So stellen sich wohl die meisten die 3.000-Einwohner-Gemeinde in Schleswig-Holstein vor. Hier kommen nur die hin, die mit der Fähre über den Fluss wollen. Ansonsten: überall Ruhe und Idylle.

In einem Rotklinkerbau des Ortes herrscht jedoch alles andere als Frieden. Hinter der unscheinbar wirkenden Fassade hat ein blutiges Massaker stattgefunden. Es ist ein Verbrechen, von dem jeder gehofft hatte, dass es niemals geschehen würde. Doch manche haben geahnt, dass etwas Furchtbares passieren könnte. Die Gefahr lag quasi in der Luft. Sabine M. aber hielt alle gut gemeinten Warnungen für Unkenrufe. Sie war überzeugt, dass ihr von ihrem Mann kein Unheil droht. Die 31-Jährige meinte: „Er liebt mich. Der tut mir nichts.“ Ein verhängnisvoller Irrtum.

Ursprünglich hat das Paar im schleswig-holsteinischen Elmshorn gelebt. Dort galt Stephan M., ein über und über mit gewaltverherrlichenden Motiven tätowierter Mann, als exzentrischer und gewalttätiger Außenseiter. Außerdem wurde dem 52-Jährigen ein Bezug zur Drogenszene nachgesagt. Aber für seine Frau war er offensichtlich zunächst ein liebevoller, geachteter Partner. Sie hielt ihn für fürsorglich und verlässlich. Ein Mann, mit dem sich ein Neuanfang an einem anderem Wohnort lohnt, fernab von jenen Menschen, die ihn für gefährlich hielten. Deshalb zog das Paar von Elmshorn auf die andere Seite der Elbe, nach Wischhafen. Hier wollten sie in einem eigenen Haus in größerer Abgeschiedenheit ihr eigenes, neues Leben führen.

Es sollte sehr bald zu Ende gehen.

Es ist Sonnabend, der 18. Mai 2019, als Kollegen von Sabine M. unruhig werden. Sie sind besorgt, weil die Bäckereifachverkäuferin nicht zur Arbeit erschienen ist. Sie geht auch nicht ans Telefon. Schließlich alarmieren die besorgten Kollegen die Polizei. Ob die Beamten mal nach dem Rechten sehen können? Als die Polizisten gegen 17 Uhr an dem Wohnhaus des Paares eintreffen, wird ihnen nicht geöffnet. Erst mithilfe der Feuerwehr kommen sie ins Haus. Die Männer bewegen sich mit Bedacht und mit der gebotenen Schnelligkeit durch die Räume. Es könnte sich ja um einem Notfall handeln. Doch als die Retter in die Küche kommen und die Frau entdecken, ist schnell klar, dass hier jede Hilfe zu spät kommt. Die 31-Jährige liegt in einer Blutlache. Sie ist vermutlich schon seit etlichen Stunden tot. Im Schlafzimmer auf dem Bett liegt ihr Schäferhund. Auch er lebt nicht mehr.

Der Tod der Frau ist ein Fall für die Kriminalpolizei Stade. Jetzt wird unverzüglich eine Mordkommission gebildet, und die Spurensicherer machen sich ans Werk. Die Hamburger Rechtsmedizin wird hinzugezogen, die forensischen Experten sind bereits am Tatort erforderlich. Es ist Samstagabend, als sie an dem Haus eintreffen.

Verbrechen geschehen zu jeder Tages- und Nachtzeit, weshalb die Rechtsmedizin rund um die Uhr in Bereitschaft ist. Sieben Tage die Woche, das ganze Jahr über.

Tatsächlich sagt die Erfahrung, dass häufig gerade an Wochenenden und an Feiertagen die Gewalt eskaliert. Menschen sind sich nahe, sie verbringen mehr Zeit miteinander, und oft reicht ein vermeintlich falsches Wort oder eine Geste, um eine Situation explodieren zu lassen. Und plötzlich schlägt einer zu, und der andere fällt so unglücklich auf eine Tischkante, dass er sich das Genick bricht. Oder jemand ist derartig gereizt, dass er ein Messer aus dem Küchenblock greift und zusticht. Oder eine Person wird stranguliert oder ... Der Tod hat viele Gesichter, erschreckend viele.

Hier, in Wischhafen, sind sich die Experten vor Ort sicher, dass es sich nicht etwa um einen Unfall oder ein spontanes, unglücklich eskaliertes Geschehen handelt. Hier hat jemand einen brutalen Plan umgesetzt.

Als die Rechtsmediziner am Haus eintreffen, haben die Spurensicherer ihre Arbeit bereits weitgehend beendet. Also können die forensischen Experten sofort den Leichnam am eigentlichen Fundort untersuchen. Die junge Frau ist in einer halbliegenden Position mit Handschellen bäuchlings an einen Heizkörper gefesselt. Zunächst werden von den Rechtsmedizinern die üblichen Feststellungen getroffen, soweit dies an einem Tatort möglich ist. So geht es beispielsweise um eine vorläufige Einschätzung, wann der Mord geschehen sein könnte. Die Todeszeitbestimmung ist sehr wichtig für Zeugenaussagen und Alibiüberprüfungen.

Unter Berücksichtigung von Leichenflecken, Leichenstarre und Körpertemperatur ist festzustellen, dass die Frau bereits längere Zeit tot ist. Als man ihren Körper von dem Heizkörper wegzieht, wird in dem Bereich, wo ihr Kopf gelegen hat, am Fußboden ein wenig deformiertes Projektil sichtbar. Es ist ein Vollmantelgeschoss mit Bleikern und hat einen Durchmesser von 7,65 Millimeter. Das Projektil ist einen Zentimeter lang und wiegt 4,6 Gramm. Drei Patronenhülsen liegen in dem weiteren Umfeld des Leichnams.

Im angrenzenden Schlafraum liegt ein altdeutscher, schwarzer Schäferhund auf der Bettstatt, Kopf- und Halsbereich sind blutverschmiert. So weit die Feststellungen, die direkt vor Ort getroffen werden. Die Sektionen werden dann im weiteren Verlauf der Nacht im Institut für Rechtsmedizin in Hamburg durchgeführt.

Der Leichnam der Frau sowie auch der Hund werden – wie es bei Schussverletzungen stets üblich ist – zunächst mittels Computertomografie gescannt. Die anschließenden Sektionsergebnisse sind eindeutig: Todesursache der Frau ist ein Kopf-Durchschuss von der

Nackenregion zur Stirn. Ein Schuss mit Hinrichtungscharakter. Der Hund ist durch zwei Schüsse in den Kopf und in den Hals getötet worden.

Schnell fällt der Verdacht auf den Ehemann der 31-Jährigen, Stephan M. Von ihm hatte sich die junge Frau gerade getrennt. Doch das Ende der Beziehung bedeutete noch keine räumliche Trennung. Der 52-Jährige, der nebenan beim Bauern immer wieder mal diverse Gelegenheitsjobs wahrgenommen hat, wohnt noch bei seiner Ex-Partnerin. Jetzt aber ist er mit seinem schwarzen Wagen, einem Dodge Journey, auf der Flucht. Nach ihm wird nun gefahndet. Zunächst fehlt von dem Mann jede Spur.

Zwei Tage, nachdem der Mord entdeckt wurde, am Vormittag des 20. Mai, gibt es einen ersten Hinweis auf den Verbleib des Mannes. Gegen 9 Uhr findet ein Spaziergänger, der mit seinem Hund unterwegs ist, an der Ulzburger Straße in Norderstedt eine leblose Person. Sie liegt in einem Gebüsch neben der Straße. Der Spaziergänger alarmiert den Rettungsdienst, der aber nur noch den Tod des Mannes feststellen kann. Der Verstorbene wird schnell als der flüchtige Mörder Stephan M. identifiziert. Der Täter hat offensichtlich Suizid begangen. Die dafür benutzte Waffe, eine Pistole, liegt noch in seiner rechten Hand.

Der Fluchtwagen des Mannes wird zwei Tage später am frühen Mittwochmorgen auf einem Parkplatz in Herzhorn bei Glückstadt gefunden. Ein Zeuge hat die Polizei auf den schwarzen Wagen aufmerksam gemacht. Ermittlungen ergeben, dass der 52-Jährige das Fahrzeug nach der öffentlichen Fahndungsmeldung der

Polizei auf dem Parkplatz abgestellt hat und dann mit der Bahn zunächst nach Elmshorn und später über Henstedt-Ulzburg nach Norderstedt gefahren ist.

Alle drei Toten, die Frau, der Mann und der Hund, sind in der Hamburger Rechtsmedizin jeweils im Rahmen von Eilsektionen obduziert worden. Die Befunde sind in sich stimmig und ergeben folgendes Bild:

Die 31-jährige Frau weist markante Fesselungsspuren im Bereich des rechten Handgelenks auf. Weitere Merkmale stumpfer äußerer Gewalteinwirkung finden sich in unterschiedlichen Körperregionen. Offensichtlich hat sich die Frau gewehrt, als der Noch-Ehemann sie mit Handschellen am Heizkörper in der Küche fixierte. Dadurch hat sie mehrere Abwehrverletzungen davongetragen.

Todesursache ist eine Kopf-Durchschussverletzung von der linken Hinterhauptregion zur rechten Stirn. Der Austritt der Kugel über dem äußeren Anteil der rechten Augenbraue hat typische Verletzungen am Schädelknochen verursacht. An der Augenbraue beziehungsweise an der Haut war das Projektil zunächst offensichtlich noch haften geblieben und erst herabgefallen, als die Rechtsmediziner den Leichnam von dem Heizkörper wegzogen.

Die Obduktion zeigt weiter, dass im Verlauf des Schusskanals lebenswichtige Hirnzentren zerstört worden sind. Dieser Kopfschuss war sofort tödlich. Dennoch hatte die Frau sterbend noch einige Atemzüge getan. Die Rekonstruktion der Schussentfernung ergibt, dass der Täter die Kugel aus nächster Nähe abgefeuert hat.

Bei dem Schäferhund werden mittels Computertomografie zwei Projektile nachgewiesen, zum einen im Bereich der Nackenwirbel und zum anderen im oberen Rückenbereich. Diese Projektile werden im Rahmen der Sektion gesichert. Die Patronen weisen dieselben Merkmale auf wie diejenige, die schon am Tatort vorgefunden wurde. Die Einschüsse beim Hund liegen rechts am Kopf, im Bereich des Auges, und rechts am Hals.

Für eine sichere Identifizierung des im Gebüsch gefundenen Mannes ist kein Zahnstatus und auch kein DNA-Abgleich erforderlich. Der 52-Jährige hat mehrere unverwechselbare Tätowierungen, anhand derer eindeutig festgestellt werden kann, dass es sich um Stephan M. handelt. Bei den Tattoos, die der kräftig gebaute Mann über den ganzen Körper verteilt trägt, handelt es sich insbesondere auch um solche mit gewaltassoziierten Motiven.

Das Projektil ist bereits in dem noch auf dem Kopf sitzenden roten Käppi am Leichenfundort gesichert worden. Bei der Obduktion wird der erste Eindruck des Toten vom Tatort bestätigt. Todesursache ist ein Kopfdurchschuss von Schläfe zu Schläfe. An der rechten Seite befindet sich ein sternförmig aufgeplatzter Einschuss, an dem Schmauchspuren nachzuweisen sind. Gegenüber an der linken Schläfe liegt die kraterförmige Verletzung durch den Ausschuss. Die Wundränder können zu einem homogenen Bild zusammengesetzt werden. Im Verlauf des Schusskanals ist es zur groben Zerstörung zentraler Hirnareale gekommen. Es zeigen sich darüber hinaus ausgedehnte Blutungen im Bereich der

Hirnhäute. Von Schädelbasisbrüchen aus ist es beim Mann zu einer Blutung in den Nasen-Rachenraum und in die Atemwege sowie zu einer Bluteinatmung mit Aspirationsherden bis in die Peripherie des Lungengewebes gekommen.

Die sorgfältige Blutspurenanalyse ergibt feine Blutspritzer am rechten Daumenballen und an der rechten Handinnenfläche. Man spricht hier vom sogenannten Backspatter, wenn Blut und kleinste Gewebeteilchen bei einem Nahschuss beziehungsweise einem aufgesetzten Schuss aus der Einschusswunde rückwärts gegen die waffenführende Hand spritzen.

Die chemisch-toxikologischen Untersuchungen beim Täter führen zum Nachweis des Opiat-Substitutionsmittels Buprenorphin in den Körperflüssigkeiten und Organen. Die Haaranalyse zeigt, dass er für einen längeren Zeitraum vor dem Tod regelmäßig Buprenorphin aufgenommen hatte. Neben Buprenorphin hat Stephan M. vor seinem Tod noch Cannabisprodukte wie Haschisch oder Marihuana konsumiert. Zum Zeitpunkt des Todes hat er unter dem Einfluss wirksamer Konzentrationen des psychoaktiven Cannabisinhaltsstoffes Tetrahydrocannabinol (THC) gestanden.

Ein Wochenend-Familiendrama in kurz aufeinanderfolgenden Sequenzen: aus gekränktem Mannesstolz, Eifersucht, gemischt mit einem brutalen Hassausbruch und beendet durch Suizid in einer ausweglosen Situation. Das Schlagen und die Fesselung der Frau an der Heizung, die Tötung ihres geliebten Schäferhundes sozusagen vor ihren Augen, um sie zusätzlich zu quälen, der Mord nach Art einer feigen Hinrichtung der gefesselten Frau. Dann die Flucht des Mannes zurück an seine frühere Wirkungsstätte und schließlich der Suizid unter dem Fahndungsdruck der Polizei – in dieser Konstellation ein Klassiker?

Nein, das sicher nicht, jedenfalls nicht mit allen Details. Aber leider ist das Töten einer Frau durch ihren Partner ein Szenarium, das viel zu häufig vorkommt. Die Wissenschaft hat einen Namen dafür gefunden: Femizid. Dieser Begriff bezeichnet die Tötung von Frauen und Mädchen aufgrund ihres Geschlechts. Weltweit wurden im Jahr 2017 zwar fünfmal so viele Männer ermordet wie Frauen, jedoch waren bei den Morden durch einen Intimpartner oder die Familie fast zwei Drittel der Opfer Frauen. Im Jahr 2017 fielen weltweit 1,3 von 100 000 Frauen in der Bevölkerung einem Femizid zum Opfer.

Allein in Deutschland starben im Jahr 2020 insgesamt 139 Frauen durch die Hand ihrer Partner oder Ex-Partner. Jeden Tag gibt es in Deutschland einen polizeilich registrierten Tötungsversuch an einer Frau. Und die Dunkelziffer vermisster und schwer verletzter Frauen? Niemand kennt sie. Das Leid bleibt im Verborgenen.

SPURENSICHERUNG

Bei der Rekonstruktion eines Schusszwischenfalls (mit oder ohne Tote) wird die Auffindungssituation am Geschehensort exakt überprüft. Dazu gehören das Blutspurenbild, das Asservieren von Geschosshülsen und Projektilen beziehungsweise Projektilteilen und die Spurensicherung im Hinblick auf eine Beschmauchung und auf Pulverbestandteile. Sind Einzelbefunde in ausreichend großer Zahl gesichert, so kann der gesamte Geschehensablauf rekonstruiert werden.

Viele Schussverletzungen befinden sich im Bereich von bekleideter Haut, sodass insbesondere auch die Bekleidung, und dort vor allem die oberste Materiallage, des Opfers gesichert werden muss.

Die Hauptaufgabe der Schussrekonstruktion ist die Unterscheidung von Ein- und Ausschuss und damit die Festlegung der Schussrichtung. Bei Steckschüssen ergibt diese sich von selbst. Das im Körper befindliche Projektil muss als wichtiges Beweismittel asserviert werden.

Vor der Reinigung einer Schussverletzung sollte unbedingt eine fotografische Dokumentation – mit Maßstab – erfolgen. Werden zum Beispiel bei einer Operation Schussverletzungen chirurgisch ausgeschnitten, sollten die Gewebeteile für eine rechtsmedizinische, mikroskopische und chemische Untersuchung aufgehoben werden.

Schussverletzungen dürfen auf dem Sektionstisch niemals mit metallischen Werkzeugen untersucht werden, da hier eventuell ein Metallabrieb erfolgt, der spätere chemische Analysen stört. An der vermutlichen Einschussverletzung sollte so wenig wie möglich manipuliert werden. Waschen ist aus rechtsmedizinischer Sicht kontraindiziert. Bei der Obduktion wird ein großes Stück Haut aus dem Einschussbereich sowie Gewebe aus der Tiefe asserviert. Die Haut sollte insgesamt so auf Kork oder eine ähnliche Unterlage aufgespannt werden, dass Form und Größe der Schussläsion erhalten bleiben.

Die am häufigsten angewendeten Analyseverfahren für metallische Schmauchelemente und Pulverbestandteile sind die Rasterelektronenmikroskopie mit energiedispersiver Röntgenbestrahlung (REM/EDX), die flammenlose Atomabsorptionsspektrometrie (FAAS) und die Neutronenaktivierungsanalyse (NAA), daneben existieren noch weitere Methoden.

Im Einschussbereich kann man bis etwa einen Meter Schussentfernung mit gezielten Analysen Schmauch- und Pulverbestandteile nachweisen, die zusammen mit dem Projektil aus der Waffenmündung austreten. Der schwärzliche Pulverschmauch ist allerdings bei Verwendung von Nitromunition in der Regel nicht sichtbar. Dennoch kann man Schmauchbestandteile mit den bereits erwähnten modernen Untersuchungsmethoden häufig noch nachweisen.

Das klassische Verfahren zum Nachweis des Schützen bedient sich der Schusshand. An der waffentragenden Hand finden sich Veränderungen, die zu überprüfen sind. Deswegen ist es extrem wichtig, dafür zu sorgen, dass bei einem Leichnam mit Schussverletzungen die Hände noch am Geschehensort gezielt spurentechnisch untersucht werden. Alternativ können die Hände für den Transport des Leichnams durch Plastikfolien geschützt werden. Keinesfalls darf an den Händen bei der Untersuchung vor Ort oder beim Transport manipuliert werden.

Wenn ein mutmaßlicher Schütze nach frischer Tat festgesetzt wird, muss auf jeden Fall verhindert werden, dass er seine Hände reinigen kann. Zunächst müssen unbedingt Abstrichuntersuchungen im Hinblick auf eine Beschmauchung der Haut durchgeführt werden.

Folgendes ist zu bedenken: Beim Abschießen eines Revolvers oder einer Pistole treten Schussrückstände nicht nur an der Mündung, sondern auch an undichten Stellen aus. Das kann zum Beispiel die Dichtung zwischen Patronenlager und Hülse sein, eventuell auch die Durchlassstelle des Abzugs. Jedenfalls entsteht ein Niederschlag von Pulverschmauch auf der Schusshand. Diese Schussrückstände liegen locker auf der Haut des Schützen. Die größeren metallischen Schmauchperlen fallen schon bei bloßer Bewegung der Hand ab. Die kleineren Schmauchpartikel können aber durch Spurensicherungsmethoden abgenommen werden. Aufgrund der konstruktionsbedingten Gasauslass-Stellen von Kurzwaffen bestehen eindeutige sogenannte Prädilektionsstellen für den Schmauchniederschlag an der Hand des Schützen. Diese sind im Wesentlichen die einander zugewandten Seiten von Zeigefinger und Daumen sowie der angrenzende Handrücken. Deswegen erfolgt eine Schmauchspurensicherung durch die Kriminalpolizei oder die Rechtsmedizin bei den Fingern beider Hände getrennt. Eine sogenannte Leerprobe ist stets erforderlich.

Das Abstreichen der Haut erfolgt zum Beispiel mit befeuchteten Wattetupfern. Meist werden heute allerdings Stiftprobenträger eingesetzt, sogenannte „Tape-Lifts“. Das sind Metallstempel, die mit einer Spezialklebefolie versehen sind, die auf die Haut aufgedrückt wird.

Bei der Benutzung einer Schusswaffe kann Hautabrieb und Schweiß auf diese übertragen werden. Insofern sind DNA-Untersuchungen sinnvoll, um zu überprüfen, ob die Waffe in der Hand einer bestimmten Person lag.

Die Rückschleuderung von Blut und/oder Gewebe aus der Einschusswunde ist ein seit Langem bekanntes Phänomen („Backspatter"). Dessen große forensische Relevanz ergibt sich aus der rückwärts gerichteten Flugrichtung der biologischen Partikel. Dadurch kann eine Spurenübertragung vom Opfer auf die Waffe oder den Täter erfolgen, speziell auf dessen Hand. Der Nachweis dieser biologischen Spuren ermöglicht die Bestimmung der verwendeten Waffe und des Schützen. Auch auf die Schussentfernung sind Rückschlüsse möglich.

Im Zusammenhang mit einer umfassenden Rekonstruktion und Beweisführung bei Schussverletzungen wird einmal mehr deutlich, dass eine sorgfältige Spurensicherung von Anfang an sowie eine intensive interdisziplinäre Kooperation zwischen Kriminalpolizei, Kriminaltechnik, Chemie, Physik und Rechtsmedizin erforderlich ist. Gerade bei Schussverletzungen sind die Aussagemöglichkeiten eines rechtsmedizinischen Gutachters allein aufgrund des Sektionsbefunds häufig eingeschränkt. Der Nachweis des Täters, der Waffe sowie die Geschehensrekonstruktion bedürfen einer ausgefeilten Kriminaltechnik.

MIT DER PUMPGUN IN DIE SCHULE

Ein peitschender Knall, immer wieder. 17 Mal hallen Schüsse durch das Gebäude, dann schiebt der Täter ein neues Magazin in seine Glock. Wieder feuert er 17 Kugeln ab. Nachladen, schießen, nachladen, schießen, insgesamt dreimal. Am Ende hat der 19-Jährige 82 Projektile verbraucht. Er hinterlässt ein Blutbad mit 16 Toten.

Der junge Mann hat eine weitere Waffe dabei, doch diese verwendet er nicht. Er trägt die Pumpgun mit einem Gurt auf dem Rücken. Ein bisschen ähnelt er damit Rambo, dem berühmten Einzelkämpfer und Rächer. Nur dass Rambo sich nicht am Ende selbst tötet. Doch dieser Mann hier, der ein Massaker an seiner früheren Schule angerichtet hat, begeht nach seinem Verbrechen Suizid.

Der Amoklauf ereignete sich am Vormittag des 26. April 2002 am Gutenberg-Gymnasium in Erfurt. Doch die Schockwelle, die diese Tat auslöste, reichte weit über die Grenzen der Stadt hinaus. Sie überrollte ganz Deutschland. Wie war ein solches Verbrechen möglich? Eine Gewalttat, die man sonst eher aus den USA kannte? Drei Jahre zuvor hatte das Schulmassaker von Littleton die Welt erschüttert. Zwei Abschlussklässler erschossen am 20. April 1999 an der Columbine High School in Colorado innerhalb einer knappen Stunde zwölf Mitschüler im Alter von 14 bis 18 Jahren, einen Lehrer und sich selbst.

Hat der junge Mann aus Erfurt dieses amerikanische Massaker gleichsam als Vorbild genutzt? Der 19-jährige ehemalige Gutenberg-Schüler Robert S. erschießt elf Lehrer, eine Referendarin, eine Sekretärin, zwei Schüler und einen Polizeibeamten. Anschließend tötet er sich selbst. S. begeht die Verbrechen am Tag der letzten schriftlichen Abiturprüfungen. Der Täter geht in der Schule gezielt in unterschiedliche Räumlichkeiten und schießt vorzugsweise auf die von ihm angetroffenen Lehrerinnen und Lehrer. Alles in allem dauert der Amoklauf vom ersten Schuss bis zur Selbsttötung von S. höchstens zwanzig Minuten. Eine grausame, eine erschütternde Effizienz.

Der Täter führt zwei Waffen mit sich: eine Vorderschaftrepetierflinte Mossberg 590 mit 20-Zoll-Lauf (Pumpgun) sowie eine Pistole Glock 17, 9 mm Parabellum. S. ist selbst Mitglied in einem Schützenverein, außerdem hat er die erforderliche Prüfung abgelegt, um eine Waffenbesitzkarte zu erlangen. In den Monaten vor dem Verbrechen hatte er sich die beiden Tatwaffen, Munition und verschiedene Ausrüstungsgegenstände gekauft.

Wenn ein Täter mehrere Menschen durch Schüsse umbringt, wird sehr schnell von einem Amoklauf gesprochen. „Amok" ist ein Begriff, der seinen Ursprung bei den Völkern des Malaiischen Archipels hat. Im Krieg kennzeichnete dieser Begriff das Verhalten, bei dem sich die Malaien ohne Rücksicht auf das eigene Überleben mit Todesverachtung und dem Kriegsschrei „Amok“ auf den Lippen auf den Gegner stürzten.

Man kann den Begriff auch mit „Wut“, „wütend, rasend“ sowie „in blinder Wut angreifen und töten“ übersetzen. Gemeint sind damit tateinheitliche und anscheinend wahllose Angriffe auf mehrere Menschen in Tötungsabsicht. Beim Täter geht man davon aus, dass er sich in einer psychischen Extremsituation befindet, die durch Unzurechnungsfähigkeit und absolute Gewaltbereitschaft gekennzeichnet ist. Der Amoklauf ist eine Demonstration von Macht und Hass auf die Gesellschaft. Der Suizid, der meistens am Ende der Tat steht, ist dabei nicht Ausdruck einer Depression, sondern der Höhepunkt der Selbstinszenierung. Die Weltgesundheitsorganisation WHO verwendet folgende Definition: „Eine willkürliche, anscheinend nicht provozierte Episode mörderischen oder erheblich fremdzerstörerischen Verhaltens.“

Auch in Deutschland gibt es immer wieder Ereignisse, die als Amok, Amoklauf, Amokfahrt bezeichnet werden, so wie eben das Schulmassaker von Erfurt. Ein Erfurter Rechtsanwalt behauptete nach eigenen Recherchen zu den vielfachen Morden, dass zwei Schüler sowie drei Lehrerinnen noch zwischen ein und zwei Stunden, nachdem sie von S. angeschossen worden waren, gelebt hätten. Er erhob den Vorwurf, in dieser Zeit sei den Opfern keine medizinische Hilfe zuteil geworden.

Die Thüringische Landesregierung setzte die sogenannte Gasser-Kommission ein, die am 21. April 2004 ihren Abschlussbericht vorlegte. Die Kommission schloss im Ergebnis aus, dass es bei dem Amoklauf einen Mittäter gegeben haben könne. Zur Begründung wurde angeführt, dass sämtliche Opfer zeitlich dem Weg und der Waffe des Täters zugeordnet werden konnten. Eine weitere Schlussfolgerung der Kommission: Die Opfer hätten nicht früher notfallmedizinisch versorgt oder gar gerettet werden können.

Unter der hier angesprochenen Fragestellung wurden der Hamburger Rechtsmedizin seinerzeit Aktenunterlagen sowie die Obduktionsberichte zu den Opfern übersandt. Insbesondere ging es in der Begutachtung darum, ob aus den Obduktionsberichten und sonstigen Umständen erkennbar war – insbesondere aus dem Umfang der Verletzungen –, ob und inwieweit Rettungsmöglichkeiten für die Opfer bestanden haben?

Die Auswertung der Sektionsprotokolle aus dem Institut für Rechtsmedizin in Jena ergab, dass die Schusskanäle jeweils gut nachvollziehbar rekonstruiert waren. Aus den Obduktions- und den Notarzteinsatzprotokollen stellen die Rechtsmediziner eindeutig fest, dass die Getöteten jeweils durch die Schüsse schwerste Verletzungen innerer Organe und großer Blutgefäße erlitten hatten, sodass keinerlei Überlebenschancen bestanden. Es waren eindeutig tödliche Schussverletzungen. Sie konnten mit Bestimmtheit der verwendeten Pistole Glock mit dem Kaliber 9 mm Parabellum zugeordnet werden.

Nach dem Erfurter Amoklauf wurden bei etwa 700 Schülern posttraumatische Belastungsstörungen diagnostiziert. Auch zehn Jahre nach dem Massaker an dem Gymnasium befanden sich einige Zeugen noch immer in psychologischer Behandlung.

Die Tat in Erfurt hat vieles verändert. Auch das Waffenrecht wurde danach noch einmal verschärft. So wurde beispielsweise eine verpflichtende medizinisch-psychologische Untersuchung für angehende Schützen unter 25 Jahren eingeführt. Die Altersgrenze für den Kauf und Besitz von Schusswaffen bei Sportschützen und Jägern wurde heraufgesetzt. Behörden können heute einfacher kontrollieren, ob Waffen sicher verwahrt werden.

An den Schulen wurden diverse weitergehende Schutzmaßnahmen eingeführt, neue Polizeieinsatzpläne wurden erarbeitet. Hiermit soll insbesondere die Einsatzbereitschaft der Polizeibeamten, die als erste am Geschehensort eintreffen, ausgedehnt und optimiert werden. Auch Rettungsdienste verfolgen neue Leitlinien.

Letztlich schließen allerdings alle Sicherheitskonzepte, psychologische Forschungsarbeiten und verschärfte Gesetze das Risiko nicht zu hundert Prozent aus, dass ein gewaltbereiter Typ sich illegal Waffen besorgt und ausrastet.

Am 22. Juli 2016 tötete in München ein 18-jähriger Deutsch-Iraner mit rechtsextremer Gesinnung am und im Olympiazentrum neun Menschen. Als die Polizei ihn stellte, erschoss sich der 18-Jährige selbst. Insgesamt gab er nach den Feststellungen der Polizei 59

Schüsse ab. Tatwerkzeug war eine Pistole vom Typ Glock 17 ohne Seriennummer. Jemand hatte sie wieder gebrauchsfertig gemacht, zuvor hatte sie als Requisite gedient – am Theater.

Und am 11. März 2009 ereignete sich der Amoklauf von Winnenden und Wendlingen. Der 17-jährige Tim K. betrat morgens gegen 9.30 Uhr die Albertville Realschule in Winnenden. In zwei Klassenzimmern und einem Chemiesaal schoss er mit einer Pistole des Typs Beretta 92 aus dem Besitz seines Vaters auf Schüler und Lehrer. K. tötete 15 Menschen, verletzte 14 weitere und erschoss zuletzt sich selbst, nachdem er nach einer mehrstündigen Flucht von der Polizei gestellt worden war. Insgesamt gab der 17-Jährige an beiden Tatorten 112 Schüsse ab.

In diesem Fall gab es ein wegweisendes Urteil: Der Vater des Amokläufers von Winnenden ist am 1. Februar 2013 zu einem Jahr und sechs Monaten auf Bewährung verurteilt worden. Der 54-Jährige trägt nach Überzeugung des zuständigen Landgerichts eine Mitschuld an dem Massenmord, den sein Sohn angerichtet hatte. „Die Kammer ist davon überzeugt, dass es nicht zum Amoklauf gekommen wäre, wenn Sie die Waffe und die Munition ordnungsgemäß weggeschlossen hätten. Punkt. Aus“, sagt der Richter an die Adresse des Vaters von Tim K. Das Landgericht Stuttgart hat den Vater deshalb nicht nur wegen Verstoßes gegen das Waffengesetz, sondern auch wegen fahrlässiger Tötung verurteilt.

Der Mann hatte die Beretta im Schlafzimmerschrank aufbewahrt, sie lag unter seinen Pullovern. Ein

Magazin befand sich im Nachttisch. So hatte Tim K. Zugang zu der Schusswaffe, ohne die er nicht zum Amokläufer geworden wäre. Der Vater hätte damit rechnen müssen, dass sie benutzt werden kann. Wer eine Waffe unsicher lagere, stellt der Richter fest, trage die Schuld, wenn andere sie entwendeten und mit ihr mordeten.

SIEBEN AUF EINEN STREICH

Es herrscht Grabesstille an diesem traurigen Ort. Zwei blutdurchtränkte Tischdecken liegen da, unter ihnen zwei Leichen. Unter einem weiteren Tuch, auch dieses voller Blut, schauen zwei Beine hervor. Und plötzlich regt sich etwas zaghaft unter diesem braunrot verfärbten Stoff. Als die Polizisten die Decke wegnehmen, blicken sie in die schreckensgeweiteten Augen eines kleinen Mädchens.

Das Kind ist bleich, es ist starr vor Entsetzen. Trotz des vielen Blutes um es herum stellt sich bald heraus, dass es unverletzt ist – zumindest körperlich. Aber seine Seele ist wund.

Die Zweijährige hat Furchtbares erlebt, das Grauen schlechthin. Sie hat binnen kürzester Zeit Mutter und Vater verloren. Ihre Eltern sind gefesselt worden, dann hat man sie aus nächster Nähe mit Kugeln in den Kopf getötet. Fünf weitere Menschen sind ebenfalls erschossen worden, alle im nächsten Umfeld des kleinen Mädchens. Es muss gehört haben, wie die Kugeln abgefeuert wurden. Ein gedämpfter Knall, erst siebenmal innerhalb weniger Minuten, dann, nach einer kurzen Pause, weitere sieben Schüsse in schneller Folge. Zwischendurch hat der Mörder eiskalt das Magazin seiner mit einem Schalldämpfer bestückten ungarischen Pistole FEG Luger 22 gewechselt. Er hat noch mehr Munition gebraucht, um alle Zeugen auszumerzen. Er hinterlässt ein Blutbad.

Als Polizisten wenige Stunden nach diesem Verbrechen in der Nacht zum 5. Februar 2007 zum Tatort kommen, bietet sich den Beamten eine Szenerie, die „den Eindruck einer Hinrichtung“ macht, wie einer der Polizisten später sachlich formuliert. Und ein Richter, dessen Kammer zweieinhalb Jahre nach der Tat das Urteil über fünf Täter spricht, erklärt über den siebenfachen Mord, man habe „eine der schlimmsten Straftaten verhandelt, die es nach dem Zweiten Weltkrieg in Deutschland gegeben“ habe. Wohl nie in dieser Zeit ist hierzulande ein Verbrechen verübt worden, bei dem innerhalb so kurzer Zeit so viele Menschenleben kaltblütig ausgelöscht wurden.

Was sich damals in einem Restaurant abspielte, hatte den Charakter einer rohen und äußerst brutalen Gewalttat, wie man sie im Mafiamilieu vermuten würde, vielleicht auch als Showdown einer erbitterten Auseinandersetzung rivalisierender Banden oder womöglich als das Werk chinesischer Triaden. Was treibt die erbarmungslosen Täter in eine kleine niedersächsische Gemeinde? In einen Ort, vollkommen unspektakulär, ein recht verschlafenes Städtchen mit nicht viel mehr als 11 000 Einwohnern? Am Ende kristallisiert sich nach Überzeugung der Ermittler heraus, dass der

Hintergrund der Tat eines der ältesten Motive ist, die die Menschheit kennt: Habgier.

Denn der siebenfache Mord an Frauen und Männern im Alter zwischen 28 bis 57 Jahren ist das Ergebnis eines aus dem Ruder gelaufenen Raubes. So lautet schließlich die Quintessenz am Ende eines über 107 Verhandlungstage dauernden Prozesses. Die Verantwortlichen für das blutige Verbrechen erhalten langjährige Haftstrafen, zwei von ihnen bekommen lebenslänglich.

Was ist geschehen in jener Nacht zum 5. Februar 2007? Die letzten Gäste hatten das China-Restaurant gerade erst verlassen, als dort 14 Schüsse fielen. Zwei trafen den Inhaber des Lokals, sechs den Koch. Vier Angestellte und die Wirtin wurden jeweils mit einem Kopfschuss kaltblütig getötet. Eine Kugel flog als Querschläger durch den Raum. Nur ein Mensch überlebte den beispiellosen Vielfachmord: das kleine Mädchen, das schließlich hinter dem Tresen gefunden wurde, zwischen zwei weiblichen Leichen. Auf die Ermittler machte die Szenerie den Eindruck, als habe jemand das Tuch schützend über die Kleine geworfen.

Neben den beiden toten Frauen hinter dem Tresen fanden Ermittler am Tatort zwei männliche Leichen im Treppenhaus, beide in gekrümmter Haltung. In einem Vorratsraum lag ein Mann mit einem blutgetränkten Tuch um den Kopf, der auch tot zu sein schien, aber noch atmete. Er wurde in ein Krankenhaus transportiert, wo er wenig später seinen Verletzungen erlag. In einer Wohnung über dem Restaurant, die die Inhaber den Angestellten zur Verfügung gestellt hatten, gab es eine weitere männliche Leiche; daneben, in der Wohnung der Chefs, befand sich die ermordete Frau des Restaurantbesitzers.

Fast alle Opfer waren sehr effizient gefesselt. Die Verbrecher schnürten ihnen Kabelbinder jeweils fest um beide Daumen, sodass sie ihre Hände nicht mehr bewegen konnten. Ein Mann wurde zusätzlich auf die gleiche Art an den Füßen fixiert, mit zusammengebundenen Zehen. Über den Köpfen mehrerer Toter lagen Tischdecken. Die Mörder hatten sie offenbar über ihre wehrlosen Opfer gelegt, damit sie bei einem Schuss aus nächster Nähe nicht von Blut oder Gewebeteilen getroffen werden.

Die seelische und moralische Kälte, die von Fachleuten im Fall Sittensen registriert wurde, ist eine, die seit jeher bei einem bestimmten Verbrechertyp auffällt. Dieser Mörder handelt nicht aus Rache, auch nicht aus Mordlust oder getrieben von sexuellen Motiven. Er tötet nicht aus ideologischen oder religiösen Gründen – er mordet aus Habgier. Es geht ihm einzig darum, in den Besitz von Wertsachen zu gelangen, ohne Rücksicht auf Verluste. Wenn es sein muss, geht er dabei über Leichen – im Wortsinne.

Die sieben Opfer seien nur deswegen erschossen worden, weil nach einem Raub, der aus dem Ruder gelaufen ist, keine Zeugen übrig bleiben sollten, heißt es später in der Anklage vor dem Schwurgericht Stade. Niemand sollte gegen die Täter aussagen können. Das Kind wurde demnach nicht aus Mitleid verschont, sondern allein deswegen, weil die Täter die Zweijährige nicht als Bedrohung ansahen. Als kurz nach dem Verbrechen eine Kinderpsychologin mit dem Mädchen spricht, erzählt es unter anderem zwei Dinge: „Böse Männer waren da." Und: Die Täter seien maskiert gewesen.

Was zunächst wie ein Blutbad chinesischer Mafiabanden aussah, „geschah zur Vertuschung einer anderen Straftat". Womöglich wollte eines der Opfer fliehen, wurde erschossen, weswegen die anderen zu Zeugen wurden, die es zu beseitigen galt. Andererseits spricht die Staatsanwaltschaft von Fesselungen und Folterungen. Die Täter benutzten eine Waffe mit herausgefeilter Seriennummer und Schalldämpfer, was wiederum auf eine gewisse kaltblütige Professionalität hindeutet.

Dass dieses grausame Verbrechen relativ schnell aufgeklärt und fünf Beteiligte festgenommen und später verurteilt werden konnten, ist einem Zusammenspiel von akribischer Ermittlungstätigkeit und „Kommissar Zufall" zu verdanken.

Und dieser Zufall spielt sich weniger als dreizehn Stunden nach der Tat ab. In dieser Zeit fallen Streifenbeamten bei einer Routineverkehrskontrolle zwei Asiaten in einem VW Polo auf. Weil der vietnamesische Fahrer keine Papiere dabeihat, durchsucht ihn ein Beamter zur Identitätsfeststellung. Der Polizist findet Drogen und mehr als 3.000 Euro Bargeld. Auch der Beifahrer trägt eine vierstellige Summe bei sich. Nun widmen die Beamten dem Wageninneren ihre Aufmerksamkeit. Dabei entdecken sie einen gefalteten Zettel mit handschriftlichen Notizen. Zunächst scheint dieses Stück Papier nicht besonders verdächtig. Später aber schauen sich Ermittler den Zettel noch einmal genauer an. Zwei

Details stechen nun aus den Linien, Rechtecken und Kürzeln hervor: das Wort „Zittensen", ergänzt durch eine Straße mit Hausnummer, sowie eine Handynummer. „Zittensen": Das erinnert verdächtig an den Ort, an dem sich wenige Stunden zuvor das beispiellose Verbrechen ereignet hat. Und die Mobiltelefonnummer kann einem Vietnamesen zugeordnet werden, der bis vor wenigen Monaten in just jenem Restaurant gearbeitet hatte, wo das Massaker verübt wurde. Später werden auch die anderen Angaben auf dem Zettel, der als „Spur 32" in den Akten erfasst wird, entschlüsselt. Dabei handelt es sich unter anderem um die Anzahl der Personen, die sich zur Tatzeit in dem Lokal aufhalten sollen, und um die erwartete Beute. Die Verbrecher rechneten mit etwa 10 000 Euro.

Auf rund 40 000 Seiten tragen Ermittler nun nach und nach alle Spuren, Zeugenaussagen und Hinweise zusammen. Darunter finden sich beispielsweise Faserspuren, die einer der Insassen des VW Polo am Tatort hinterließ. Dazu gehören Schmauchspuren, die an der Kleidung von Verdächtigen gefunden werden. Fingerabdrücke sind dabei – und Kabelbinder, die in der Wohnung eines mutmaßlich Tatbeteiligten entdeckt werden. Sie sind von derselben Machart wie die, mit denen die Opfer gefesselt wurden. Als sich gegen einen der Verdächtigen die Hinweise verdichten, räumt er gegenüber der Polizei seine Beteiligung ein und benennt Komplizen. Weitere Ermittlungen führen letztlich zur Verhaftung von insgesamt fünf Vietnamesen. Drei von ihnen sind laut Ermittlungen unmittelbar im Lokal dabei gewesen, einer hat das Fluchtauto gefahren. Der fünfte Verdächtige ist der Tippgeber: jener Mann, der lange in dem Sittensener Lokal gearbeitet hat und gut über die Gegebenheiten dort Bescheid weiß. Er hat seine Komplizen unter anderem darüber informiert, dass freitags und sonnabends erfahrungsgemäß das meiste Geld im Restaurant vorhanden ist und wie viele Personen am späten Abend sich dort wohl noch aufhalten werden.

Aber wie genau hat sich die Tat abgespielt? Die Mörder haben dafür gesorgt, dass es keine Zeugen gibt, die darüber berichten könnten. Doch neben einzelnen Details, die einer der Verdächtigen preisgibt, existieren objektive, unbestechliche „Helfer“, die für eine Rekonstruktion herangezogen werden, etwa Handydaten und Faserspuren. Darüber hinaus wird zu jener Zeit im Jahr 2007 eine neue Wunderwaffe herangezogen, die heute längst zur Routine gehört: ein Laserscanner. Laserstrahlen, die über rotierende Spiegel geleitet werden, tasten millimetergenau jedes Detail und jede Entfernung ab. So werden die Fundorte und genauen Positionen der Leichen erfasst, sämtliche Blutspritzer auf den Personen, an Wänden, Decken und auf dem Fußboden dokumentiert, ihre Form und das Muster, das sie bilden, aufgezeichnet. Der Laser scannt ebenso Patronenhülsen und andere Einzelpunkte.

Aus allen Informationen zusammen entsteht ein hochpräzises Bild des Tatorts. Dabei errechnet das Computerprogramm ebenfalls, aus welcher Richtung welche Blutspuren gekommen sind. Die Detailanalyse übernehmen dann wieder menschliche Spezialisten, die forensischen Biologen. Sie können anhand von bestimmten Formen eines Blutstropfens, ob er etwa die Form eines Ausrufezeichens oder einer Bärentatze hat, Rückschlüsse auf das Geschehen ziehen. Wie haben sich Täter und Opfer durch den Raum bewegt? Wie genau ist eine Person zusammengesackt, nachdem sie durch einen Schuss getroffen wurde? Wie weit stand der Täter entfernt, als er die Kugel abfeuerte?

Für die Ermittler ergibt sich daraus folgendes Bild von der Tat und ihrer Vorgeschichte. Tippgeber ist ein Vietnamese, der in der Region arbeitet und permanent unter Geldknappheit leidet. Er hat enge Kontakte nach Bremen, wo sich relativ viele Vietnamesen aufhalten. Sein spezieller Tipp betrifft ein China-Restaurant in Sittensen, das insbesondere freitags und am Wochenende gut frequentiert wird. Der Tippgeber weiß auch, dass die Kasse abends von den Besitzern in Sicherheit gebracht wird. Gemeinsam mit Vietnamesen aus Bremen fährt dieser Mann am Nachmittag des 4. Februar 2007 nach Sittensen. Man inspiziert die örtlichen Verhältnisse und verabredet einen Raubüberfall für die nähere Zukunft. Danach fahren die Täter wieder nach Bremen zurück. Abends trifft man sich in einer Spielhalle zum Billard. An dem Tag spielt auch Werder Bremen in einem Heimspiel gegen Schalke 04. Diesem Umstand kommt deshalb später bei der Rekonstruktion eine Bedeutung zu, weil einer der späteren Verbrecher eine Wette auf das Fußballmatch platziert. Gegen 22 Uhr verlassen die Täter die Spielhalle und fahren zu dem China-Restaurant, um den geplanten Raub zu verüben.

Am Lokal angekommen, holt der spätere Todesschütze aus dem Kofferraum des VW Polo eine Box hervor, in der er seine ungarische Pistole FEG Luger 22 aufbewahrt. Es ist eine halbautomatische Selbstladepistole, bei der die Seriennummer herausgefeilt ist. Er nimmt die Waffe heraus, für die er zwei Magazine mit jeweils sieben Schuss Munition der Marke Remington dabei hat. Auf die Mündung des Laufes wird ein Schalldämpfer geschraubt. Die Täter ziehen Handschuhe an. Außerdem haben sie weiße Kabelbinder aus Nylon bei sich, die zu Ringen mit einem Durchmesser von etwa 60 Millimeter gesteckt werden. Hiermit sollen die Opfer gefesselt werden.

Vom Tippgeber wissen die Täter, dass sich mindestens fünf Erwachsene und die damals zweieinhalbjährige Tochter des Betreibers im Restaurant aufhalten. Außerdem haben sie eine Skizze der Örtlichkeiten, sowohl für den Restaurantbetrieb im ersten Stock als auch für die Wohnungen darüber. Der Plan steht. Jetzt sollte eigentlich nichts mehr schiefgehen.

Drei der Verbrecher gehen nun zum Eingang des Restaurants, der vierte bleibt entsprechend dem Plan im Auto, um Wache zu halten und nach vollendeter Tat das Fluchtfahrzeug zu fahren. Der Tippgeber ist zu Hause geblieben. Zur Kommunikation hat das Quintett Mobiltelefone dabei.

Das Restaurant nimmt das komplette erste Obergeschoss des zweistöckigen Gebäudes ein. Der Eingang liegt an der Seite. Im Erdgeschoss befinden sich ein Pizza-Lieferservice, eine Fahrschule und ein leer stehender Laden. Über dem Lokal, im zweiten Obergeschoss, liegen drei Wohnungen. Eine davon bewohnt das Betreiberehepaar mit seiner kleinen Tochter. Eine zweite Wohnung haben die Betreiber ihren Mitarbeitern zur Verfügung gestellt. In der dritten lebt ein Mann, der an diesem Abend Computer spielt, unter Kopfhörern, von der Umwelt abgeschottet und mit lauter Musik. Das wird ihm das Leben retten.

Gegen 23 Uhr dringen die Täter in das Restaurant ein. Drei Männer haben sich maskiert mit Schal beziehungsweise Stirnband und mit hochgezogenem Pullover. Sie reißen die Glastür auf und stürmen in das Lokal hinein. Im Restaurant sind zu diesem Zeitpunkt keine Gäste mehr. Betreiber und Angestellte haben bereits aufgeräumt und die Tische für den kommenden Tag hergerichtet. Der Koch befindet sich noch in der Küche, wo er sich vor den Tätern zunächst unbemerkt versteckt. Zwei Angestellte halten sich in der Nähe des Tresens auf. Die Besitzerin steht weiter hinten im Bereich der Sitzplätze. Sie hat die Gefahr, die sich zusammenbraut, offenbar schnell erkannt, eilig ihren Brillantring vom Finger gezogen und in einer gefalteten Serviette versteckt.

Zwei der Täter treiben sodann die Frauen hinter den Tresen, während der Mann mit der Waffe die ganze Situation in Schach hält. Mehreren Opfern werden die Hände vor dem Bauch an Daumen und Zeigefinger mit Kabelbindern gefesselt, die so fest zugezogen werden, dass eine Befreiung unmöglich ist. Der Besitzerin und einem Küchenhelfer binden die Täter mittels Kabelbinder die Daumen am Rücken zusammen. Einem weiteren Opfer, welches Schuhe und Strümpfe ausziehen muss, werden die großen Zehen zusammengebunden. Einem Mann, der später im zweiten Obergeschoss in der Wohnung der Angestellten gefunden wird, werden die Hände an den Daumen hinter dem Rücken fixiert. Die gefesselten Opfer müssen sich auf den Boden hocken beziehungsweise legen. Nun nehmen die Täter den Opfern die Wertsachen ab, vor allem Mobiltelefone und Geldbörsen. Der Pistolenmann zwingt die Besitzerin, mit ihm in die obere Wohnung zu gehen, um dort nach weiteren Wertsachen zu suchen. Die beiden anderen bewachen die Gefangenen im Restaurant. Doch nun sieht der Wirt, der als Einziger nicht gefesselt worden ist, seine Chance und versucht zu fliehen, wobei es zu einem Kampf zwischen ihm und den beiden Bewachern kommt. Einer der Täter ergreift eine Holzlatte und schlägt damit auf den Wirt ein. Da die beiden Täter den Flüchtenden nicht festhalten können, rufen sie ihren Komplizen. Dieser läuft ins Lokal und schießt dort sofort auf den Wirt, um diesen an der Flucht zu hindern.

Diesen Tumult nutzt der noch nicht entdeckte Koch, um aus der Küche zu fliehen. Er läuft um sein Leben – durch den angrenzenden Lagerraum ins Treppenhaus. Der Schütze folgt ihm und drückt seine Waffe mehrfach ab. Der Koch bricht zusammen. Nun schießt der Täter ihm wie bei einer Hinrichtung aus kurzer Distanz in den Hinterkopf.

Der Schütze wechselt jetzt das Pistolenmagazin gegen ein neues aus. Auch aus diesem feuert er nach und nach alle sieben Patronen auf die diversen Opfer ab. Bis sich niemand mehr rührt. Er hat ein Blutbad hinterlassen.

Nur einer im Haus bleibt unbehelligt. Es ist der Mieter im zweiten Obergeschoss, der sich vor dem Computer in eine Pseudo-Welt zurückgezogen hat. Abgeschirmt unter den Kopfhörern hat er von dem brutalen, gnadenlosen Handeln der Täter nichts mitbekommen. Auch er selber hat keinen Mucks von sich gegeben. So kommt es, dass die Verbrecher glauben, dort sei niemand. Dabei haben sie noch an seiner Zimmertür gehorcht, wie Fingerabdrücke und Schweißspuren, die von Ohren stammen müssen, später belegen. Hätte es, wenn der Mieter auch nur einen Laut von sich gegeben hätte, mit ihm einen weiteren, einen achten Toten gegeben? Man muss wohl davon ausgehen, so radikal und kaltblütig, wie die Täter vorgegangen sind. Sie hätten vermutlich auch diesen Zeugen für immer zum Schweigen bringen wollen. Was die Täter letztlich erbeutet haben, ist vergleichsweise spärlich. Sie nehmen Handys, Notebooks und eine vierstellige Bargeldsumme mit.

Die Anklage im Prozess gegen die mutmaßlichen Täter lautet unter anderem auf Mord sowie Raub mit Todesfolge. In die Hauptverhandlung, die im August 2007 beginnt, fließen die Erkenntnisse aus vielen Aktenordnern ein und damit die Auswertung Hunderter Spuren, Dutzender Zeugenaussagen und mehrerer Geständnisse – die einander teilweise widersprechen. Es geht darüber hinaus unter anderem um Handydaten, Schmauchspuren und DNA. Zeugen berichten von ihren Wahrnehmungen, so wie jener Mann, der als Erster vollkommen ahnungslos in das Restaurant kam. Er hatte seine Partnerin von der Arbeit abholen wollen, doch was er entdeckte, waren Blut und Leichen. Der Mann war so geschockt, dass er einige Minuten brauchte, bis er sich in der Lage sah, den Notruf zu wählen.

Seine Fassungslosigkeit ist angesichts des Grauens, in das er hineinstolperte, nur zu verständlich. Auch andere, die schon lange professionell mit Straftaten zu tun haben, stehen zum Zeitpunkt des Prozesses noch immer unter dem Eindruck des Geschehens. Manch einer der Polizisten hat Probleme, den Horror von damals in Worte zu fassen: der Tod in einer so schrecklichen Variante, all das Blut, an den Leichnamen, an den Wänden. Die Hände der Toten verschnürt, die Körper im krummer Haltung, die Köpfe unter blutgetränkten Decken.

Bilder aus dem Restaurant werden im Prozess gezeigt, die einen krassen Gegensatz zwischen den öffentlichen Räumen zeigen und jenen, in denen das Personal lebte. Hier: alles sauber und ordentlich, bis hin zu akkurat gefalteten Servietten und einem Aquarium mit Koi-Karpfen. Dort, in den Wohnungen im Obergeschoss herrscht indes das Chaos. Es ist kaum eine Fläche frei zwischen all dem Wohlstandsmüll, dreckigem Geschirr und zahllosen Verpackungen. Hat die Leidenschaft fürs Zocken den Blick für das Umfeld getrübt? Von einigen, die hier gewohnt haben, ist bekannt, dass sie viel Zeit unter anderem beim Pokerspiel verbrachten.

Vielleicht ist der Umstand, dass beispielsweise die Wirtin auch mal an einem Abend einen vierstelligen Betrag am Spieltisch gewonnen beziehungsweise verloren haben soll, der Grund dafür, dass eine Bekannte sie als „Shopping-Monster" bezeichnete. Hier liegt eine mögliche Erklärung dafür, dass ausgerechnet dieses Lokal von den Tätern für ihr Verbrechen ausgesucht wurde. Die mindestens 10 000 Euro, die sie bei ihrer Tat offenbar erwartet hatten, haben sie nicht erbeutet. Die Anklage geht von einem Betrag zwischen 6.800 und 8.500 Euro aus, plus die Notebooks und die Handys, die die Täter mitnahmen. Lange zieht sich der Prozess hin, es dauert mehr als anderthalb Jahre, um die Beweisaufnahme zu einem Ende zu bringen. Schließlich, am 106. Verhandlungstag und einen Tag vor der Urteilsverkündung, kommt es noch zu mehreren Geständnissen der Angeklagten. „Ich bin tief traurig. Es tut mir leid", sagt der mutmaßliche Fahrer der Gruppe. „Ich bereue zutiefst, was ich getan habe", meint ein 33 Jahre alter Hauptangeklagter. „Ich wollte nicht, dass jemand zu Schaden kommt." Auch weitere Männer bekunden ihre Reue.

Am 13. Mai 2009 wird schließlich das Urteil verkündet. Ein 31-Jähriger, der nach Überzeugung des Gerichts der eigentliche Todesschütze ist, wird wegen siebenfachen Mordes in Tateinheit mit Raub mit Todesfolge zu einer lebenslangen Freiheitsstrafe verurteilt. Zudem wird die besondere Schwere der Schuld festgestellt. Sein als Wortführer geltender 35-jähriger Bruder muss ebenfalls lebenslang in Haft, hat aber die Chance auf eine Entlassung nach 15 Jahren. Ihn verurteilt das Gericht wegen eines Mordes in Tateinheit mit Raub mit Todesfolge. Für einen 33-Jährigen, der während der Tat mit im Lokal war und damit einer der Haupttäter ist, verhängt das Landgericht eine Haftstrafe von 14 Jahren wegen Raubes mit Todesfolge. Der 42-jährige Fahrer des Fluchtwagens erhält wegen Beihilfe zu schwerem Raub eine Freiheitsstrafe von vier

Jahren und neun Monaten. Der fünfte Beschuldigte, ein 43-jähriger Aushilfsangestellter des China-Restaurants, der als Tippgeber gilt, wird wegen Anstiftung zu schwerem Raub zu einer Freiheitsstrafe von fünf Jahren verurteilt.

Die meisten dieser Strafen sind heute verbüßt, die damaligen Täter, bis auf den eigentlichen Schützen, wieder frei.

Und das kleine Mädchen, das damals das Grauen miterlebte? Es wurde von den Großeltern nach England geholt und ist mittlerweile erwachsen. Man kann nur hoffen, dass die junge Frau das Drama irgendwie verarbeiten konnte.

SCHUSSVERLETZUNGEN

Schussverletzungen stellen einen Sonderfall des Verletzungsmusters durch stumpfe Gewalt dar. In diesem Zusammenhang bedeutet dies, dass ein stumpfes Werkzeug, nämlich das Geschoss, den Körper mit besonders hoher Geschwindigkeit trifft.

Je nach der Durchschlagskraft des Geschosses und der Beschaffenheit des Gewebes im Verlauf des Schusskanals entsteht ein Durchschuss oder ein Steckschuss. Zu unterscheiden ist zwischen Einschuss, Schusskanal und Ausschuss.

Von einem Tangentialschuss spricht man, wenn der Schusskanal die Körperoberfläche in schräger Richtung durchsetzt, sodass Ein- und Ausschuss mehr oder weniger dicht beieinander liegen. Der Streifschuss trifft den Körper noch oberflächlicher, sodass Ein- und Ausschuss in Form einer rinnenförmigen Hautaufreißung zusammenfallen.

Beim Prellschuss prallt das Geschoss infolge zu geringer Beschleunigung durch den elastischen Widerstand des Gewebes wieder zurück, ohne die Haut zu durchtrennen. Man findet dann zum Beispiel nur eine oberflächliche Hautabschürfung an der betreffenden Stelle, während das Geschoss in der Kleidung liegt. Manchmal können dabei allerdings in der Tiefe noch Organverletzungen durch stumpfe Gewalt gefunden werden. Bei einem Schuss fällt das in die Luft geschossene Projektil aus größerer Höhe herab und kann dann unter Umständen weit entfernt eine völlig unbeteiligte Person treffen.

Ein Winkelschuss entsteht, wenn das Geschoss nach Eintritt in den Körper seinen Weg nicht in gerader Richtung fortsetzt, sondern durch ein widerstandsfähigeres Gebilde (insbesondere Knochen) abgelenkt wird. Ist hierbei das Projektil zerborsten, so können die einzelnen Teile ihren Weg in verschiedene Richtungen nehmen und entsprechende zusätzliche Schusskanäle verursachen. Auf diese Weise kommen manchmal bei einem einzigen Einschuss mehrere Ausschüsse zustande.

Kontur- oder Ringelschüsse sind sehr selten. Das Geschoss prallt zum Beispiel im Verlauf des Schusskanals auf die innere Knochentafel des Schädeldachs und folgt deren Kontur bogenförmig.

Gellerschüsse können auftreten, wenn das Geschoss auf seiner Flugbahn im spitzen Winkel den Erdboden oder eine Wand trifft und dadurch abgelenkt wird. Bei Warnschüssen kann auf diese Weise eine Person tödlich getroffen werden, obwohl dies nicht in der Absicht des Schützen lag. Die Objektivierung derartiger Tatbestände ist möglich, indem die genaue Richtung des Schusskanals in der Leiche festgestellt wird. Dabei müssen die behauptete Stellung des Opfers zum Täter sowie der Nachweis einer Deformierung des Geschosses und mitgerissener Bestandteile vom Abprall berücksichtigt werden.

Die Feststellung der Schussrichtung ergibt sich aus der exakten Lokalisation von Ein- und Ausschuss und dem Verlauf des Schusskanals unter Berücksichtigung der Körperhaltung des Opfers im Augenblick der Verletzung. Die Lokalisation von Ein- und Ausschuss im Hinblick auf die Körperhöhe (bezogen auf die Ferse des Leichnams) sowie die Körpermittellinie sind stets exakt zu vermessen und zu vermerken.

Der Einschuss ist ohne Weiteres zu erkennen, wenn Nahschusszeichen vorhanden sind. Hier kommt es vor allem darauf an, die zuoberst getragenen Kleidungsstücke genau zu untersuchen beziehungsweise die Haut, wenn diese im Einschussbereich nicht von Kleidung bedeckt war. Handelt es sich um einen Fernschuss, so kann die Unterscheidung erhebliche Schwierigkeiten bereiten. Liegt nicht gerade eine Querschlägerverletzung oder eine Aufplatzung der Haut bei absolutem Nahschuss vor, so besitzt der Einschuss die Form einer rundlichen Lücke (Loch) mit etwas abgeschürften, fein gezähnelten Rändern, die später vertrocknen (Schürfsaum). Am Ausschuss prägt sich manchmal ein Dehnungssaum aus, der mit dem Schürfring nicht verwechselt werden darf.

Bei Schrägschüssen findet sich ein exzentrischer Schürfring, wobei die breitere Seite der Abschürfung der Seite, aus der das Geschoss kam, entspricht. Der Einschuss zeigt ferner besonders dann, wenn die Waffe frisch geölt oder eingefettet war, einen Schmutzsaum durch schwärzliche Laufrückstände und anhaftenden Schmauch, welche das Geschoss beim Durchdringen der Haut abgestreift hat. Traf der Schuss einen bekleideten Körperteil, so kann sich der Schmutzsaum auch an dem Einschussloch in der Kleidung finden. Werden Kleider mit durchschossen, so sind fast immer mitgerissene Kleiderfasern durch mikroskopische Untersuchungen im Anfangsteil des Schusskanals nachzuweisen.

Während es sich beim Einschuss stets um einen echten – meist rundlichen – Hautdefekt handelt, stellt der Ausschuss eine vielfach schlitzförmige oder strahlige Wunde dar, deren Ränder meist etwas gelappt sind und frei von Schürfungen. Im Ausschussbereich reißt die Haut auf und kann bei der Obduktion wieder aneinandergelegt werden. Im Allgemeinen wirkt der Ausschuss etwas größer als der Einschuss, jedoch ist dies kein verlässliches Kriterium.

Durchsetzt der Schusskanal an irgendeiner Stelle einen Knochen, so lassen sich weitere Anhaltspunkte für die Schussrichtung gewinnen. Besonders an den platten Knochen (Schädel, Becken, Schulterblatt) findet sich stets ein in der Schussrichtung trichterförmig beziehungsweise kegelförmig auslaufender Defekt, da der Knochen an der Ausschussseite in größerem Umfang ausbricht als auf der Einschussseite. Am Schädel kann man neben den eigentlichen Schusslöchern häufig Zeichen einer hydrodynamischen Sprengwirkung mit diversen Knochenbrüchen feststellen, ausgehend vom Schussdefekt. Bei mehreren Schüssen in den Schädel beziehungsweise durch den Schädel gilt die sogenannte Puppe-Regel, wonach die Schädelbruchlinien, die von den späteren Schüssen ausgehen, stets an den Bruchlinien der vorangehenden Schüsse auslaufen.

Die Schussentfernung lässt sich im Einschussbereich annähernd ermitteln. Beim absoluten Nahschuss handelt es sich um einen Schuss mit aufgesetzter Waffe. Besonders an Stellen, an denen ein Knochen dicht unter der Haut liegt, kommt es zur Ausbildung mehrstrahliger Einschussplatzwunden (zum Beispiel an der Stirn oder an der Schläfe), weil die aus der Waffenmündung austretenden Pulvergase mit dem Geschoss in den Körper eindringen und durch ihre Ausbreitung zwischen Knochen und Haut die letztere zerreißen. Bei fest angedrückter Mündung entsteht außen auf der Haut kein Pulverschmauchniederschlag. Vielmehr finden sich die Pulverrückstände im Schusskanal sowie unter der taschenartig abgehobenen Haut in Form einer schwärzlichen Schmauchhöhle. Die Mündung der angesetzten Waffe wird gelegentlich durch die Expansion der Explosivgase unter der Haut in Form einer Stanzmarke auf der Haut abgebildet, was für die Erkennung der verwendeten Schusswaffe bedeutungsvoll sein kann.

Beim relativen Nahschuss befindet sich die Laufmündung in einiger Entfernung von der Körperoberfläche, bis maximal einen Meter. Sie ist jedoch noch so nah, dass die beim Schuss austretenden Pulvergase und unverbrannten Pulverteilchen die Haut oder Kleidung in der Umgebung des Einschusses erreichen. Durch den kriminaltechnischen Schmauchnachweis kann dann eine Schussentfernungsbestimmung durchgeführt werden.

Bei Schrotschüssen verbreiten sich die Schrote nach Verlassen des Laufes kegelförmig und erreichen mit zunehmender Schussentfernung eine wachsende Streuung. Aus dem Durchmesser des Streukegels können Rückschlüsse auf die Schussentfernung gezogen werden. Bei größerer Entfernung entstehen mehr oder weniger dicht zusammenliegende, zahlreiche kleine Einzeleinschüsse.

Die Schusszahl ist manchmal bei der Leichenschau nicht ohne Weiteres festzustellen. An den Kleidern können durch Faltenbildung im Augenblick des Geschossdurchtritts mehrere Löcher verursacht werden. Bei gekrümmter Körperhaltung oder vorgehaltenen Extremitäten kann ein Projektil den Körper an verschiedenen Stellen durchschlagen. Ein im Körper zerborstenes Geschoss kann beispielsweise mehrere Ausschussöffnungen verursachen.

GEWALT VON RECHTS

Ein Knall ertönt. Ist es ein Schuss? Ein zweiter Knall folgt nur wenige Sekunden später. Und dann ein dritter. Nun steigt Rauch aus dem Wohnmobil auf. Innerhalb kürzester Zeit ist alles in dem weißen Wagen in Brand. Flammen schlagen aus den Fenstern, fressen sich durch Metall, Glas, Textilien und Kunststoff. Als die Feuerwehr einige Zeit später den Brand gelöscht hat, bleibt ein Bild der Zerstörung zurück – und zwei Tote werden aufgefunden. Eine Gestalt liegt bäuchlings hingestreckt auf dem Fußboden, eine weitere sitzt im hinteren Bereich in zusammengesunkener Haltung da. Im Brandschutt halb verborgen: mehrere Waffen.

Wenige Tage nach diesem Ereignis am 4. November 2011 wird klar, dass es vom Feuer im Wohnmobil eine direkte Verbindung zu einer brutalen Mordserie gibt, die Deutschland über Jahre erschüttert hat. Rechtsterroristen haben seit dem Jahr 2000 ungestört und unerkannt in ganz Deutschland gewütet. Die Bilanz des Schreckens: zehn Morde, die meisten von ihnen an Menschen mit Migrationshintergrund, sowie ein Mord an einer Polizistin. Außerdem gehen auf ihr Konto mehrere Bombenanschläge mit Dutzenden Verletzten sowie fünfzehn Raubüberfälle. Die Täter nennen sich „Nationalsozialistischer Untergrund“, NSU. In einem selbstgebastelten 15-minütigen Video offenbaren sie ihre Verbrechen.

Es ist ein posthumes Bekenntnis. Denn die beiden Neonazis Uwe Böhnhardt und Uwe Mundlos, die seit vielen Jahren untergetaucht sind und die Morde sowie weitere Verbrechen begangen haben, werden schließlich als die Toten im Wohnmobil im thüringischen Eisenach identifiziert. Kurz nachdem die beiden Männer gestorben sind, steckt ihre Komplizin Beate Zschäpe die Wohnung in Zwickau, die über viele Jahre als Unterschlupf für das Trio gedient hat, in Brand – mutmaßlich, um Beweise zu vernichten. Vier Tage später, am 8. November 2011, stellt sich die damals 36-Jährige der Polizei. Sie wird schließlich vom 6. Mai 2013 an zusammen mit insgesamt vier Mitangeklagten in München vor Gericht gestellt. Der Prozess dauert fünf Jahre beziehungsweise 438 Verhandlungstage, mehr als 700 Zeugen werden gehört. Dann, am 11. Juli 2018, wird Zschäpe als Mittäterin der NSU-Morde zu lebenslanger Haft verurteilt; darüber hinaus wird die besondere Schwere der Schuld festgestellt. Drei Jahre später, am 19. August 2021, wird die Entscheidung rechtskräftig.

Die Angehörigen der Opfer haben sehr lange auf die juristische Aufarbeitung der Morde warten müssen, auf die Wahrheit, auf Gerechtigkeit. Als am 9. September 2000 ein 38-Jähriger in Nürnberg an seinem mobilen Blumenstand mit acht Kugeln, die aus zwei Pistolen stammen, niedergeschossen wird, ahnt niemand, wer hinter dem brutalen Mord steckt. Tatsächlich ist es der Auftakt einer Serie. Am 13. Juni 2001 stirbt ebenfalls in Nürnberg ein 49 Jahre alter Fabrikarbeiter und Änderungsschneider durch zwei Kopfschüsse. Ein Obst- und Gemüsehändler wird am 27. Juni 2001 in Hamburg ermordet, mit drei Schüssen, die aus nächster Nähe abgefeuert wurden. Auch bei diesem Mord an dem 31-Jährigen werden zwei Pistolen verwendet. Gute zwei Monate später, am 29. August 2001, treffen die Kugeln einen 38-Jährigen in München tödlich. Er ist ebenfalls Obst- und Gemüsehändler.

Ein weiterer Mord wird am 25. Februar 2004 verübt. Der 25-Jährige, der in einem Döner-Kebab-Imbiss ausgeholfen hat, stirbt durch drei Kopfschüsse. Am 9. Juni 2005 wird in Nürnberg ein 50-Jähriger mit fünf Kugeln, die ihn in Kopf und Oberkörper treffen, getötet. Nur sechs Tage später verüben Täter in München einen Mord an einem 41-Jährigen, der Inhaber eines Schlüsseldienstes ist. Das nächste Opfer ist ein 39 Jahre alter Kioskbesitzer in Dortmund. Er wird am 4. April 2006 ermordet. Und zwei Tage danach stirbt ein 21 Jahre alter Betreiber eines Internet-Cafés in Dortmund durch zwei Kopfschüsse.

Alle Opfer dieser Taten haben Migrationshintergrund, acht von ihnen stammen aus der Türkei, einer aus Griechenland. Neben ihren ausländischen Wurzeln gibt es bei den Morden eine weitere Gemeinsamkeit: Auf sie ist jeweils aus kurzer Distanz mehrfach geschossen worden. Die Tatwaffe ist jedes Mal eine Pistole des Typs Ceska CZ 83, Kaliber 7,65 Millimeter Browning.

Vom fünften Mord an haben die Täter die Pistole mit einem Schalldämpfer versehen. In zwei Fällen wird zudem eine Pistole Bruni Modell 315 Auto mit dem Kaliber 6,35 Millimeter benutzt.

Die Waffen, die kurze Distanz, der Schalldämpfer: Das wirkt professionell. Verbrechen, die mit großer Gefühlskälte ausgeübt werden. Doch zu allen Morden ermittelt die Polizei vorwiegend im persönlichen Umfeld der Opfer. Bei dem getöteten Hamburger beispielsweise heißt es, dass das 31 Jahre alte Opfer, ein Familienvater, Freunde im Hamburger Rotlichtviertel gehabt habe.

Vor diesem Hintergrund vermutet man fälschlich ein Verbrechen im Rahmen der Organisierten Kriminalität. Auch in mehreren der anderen Mordfälle verdächtigt die Polizei die Angehörigen selbst oder vermutet als Motiv unter anderem Organisierte Kriminalität im Drogenhandel beziehungsweise Geldwäsche für eine türkische Mafiaorganisation. In diesem Kontext werden von den Behörden Sonderermittlungskommissionen gegründet, die Namen wie „Halbmond" oder „Bosporus" tragen.

Auch als die Hamburger Rechtsmediziner im Sommer 2001 das Opfer aus der Hansestadt obduzieren, gibt es vonseiten der polizeilichen Ermittler noch keine Ansätze in die Richtung, dass es sich um eine ausländerfeindlich motivierte Serie handeln könnte. Bei der Sektion des 31 Jahre alten Opfers wird festgestellt, dass der Mann drei Kopfschussverletzungen erlitten hat. Es handelte sich um einen Gesichts-Steckschuss vom linken Ohr zur rechten Wange, bei dem ein 7,65 Vollmantelgeschoss unter der Haut steckte, außerdem um einen

Steckschuss mit einem 6,35er Vollmantelgeschoss von der rechten Hinterkopfregion zur linken Schläfe. Bei der dritten Kopfverletzung wurde ein weiterer Steckschuss von der Hinterkopfmitte durch die rechte große Hemisphäre bis zum rechten knöchernen Augenhöhlendach festgestellt, verursacht durch ein 6,35er Vollmantelprojektil. Bei Letzterem handelt es sich eindeutig um einen aufgesetzten Schuss. Zusätzlich war das Opfer durch stumpfe Gewalt gegen den Kopf misshandelt worden, möglicherweise durch Tritte.

Drei Schüsse auf die Hinterkopfregion und am linken Ohr, dabei ein aufgesetzter Schuss und der Einsatz von zwei Waffen: eindeutig ein Tatgeschehen mit Hinrichtungscharakter. Zu dem Hamburger Mordfall gab es in den verschiedenen Phasen der Ermittlungen weitergehende Spekulationen. Nachdem zunächst ein Zusammenhang mit dem Rotlichtmilieu sowie Organisierter Kriminalität mit Drogenhandel vermutet wurde, hat man später vom Landeskriminalamt eine Operative Fallanalyse unter Beteiligung der Rechtsmedizin nachgeschaltet. Die beiden unterschiedlichen Waffen (Kaliber 7,65 mm und Kaliber 6,35 mm) führten nunmehr zu der Diskussion, ob hier nicht eventuell eine weitere weibliche Person mitgewirkt hatte, wobei eine Beteiligung von Beate Zschäpe nicht ausgeschlossen wurde. Die kleine, handliche Pistole, die Bruni Modell 315 Auto, gilt als eine Waffe, die überwiegend von Frauen eingesetzt wird.

Während die Ermittlungen zu den Morden zwischen den Jahren 2000 und 2006 zu keinem stichhaltigen Ergebnis kommen, organisieren türkische Kulturvereine mit Angehörigen nach der neunten Bluttat vom 6. April 2006 einen Schweigemarsch in Dortmund und gedenken der neun Opfer der Serie. Sie fordern die Behörden auf, einen zehnten Mord zu verhindern. Später werfen Familienmitglieder der Opfer den deutschen Behörden einseitige Ermittlungen vor. Sie hätten in die falsche Richtung gesucht, da etwaige rassistische Motive nicht berücksichtigt worden seien.

Was wirklich hinter den Morden steckt, wird erst nach dem 4. November 2011 ermittelt. An diesem Tag ist im thüringischen Eisenach ein Überfall auf eine Sparkasse verübt worden. Täter sind zwei Männer, die rund 75 000 Euro erbeuten. Bei dem Verbrechen wird ein Mann verletzt. Zeugen beobachten, dass die Täter auf Fahrrädern flüchten. Andere sehen wenig später, wie zwei Männer entsprechende Räder eilig in ein Wohnmobil verladen. Ein Zeuge kann sich an die Farbe des Fahrzeugs erinnern und daran, dass das Kennzeichen mit einem V beginnt. Später wird das Wohnmobil auf einem Parkplatz in einer ruhigen Wohngegend der Stadt entdeckt. Als die Polizei anrückt, fallen Schüsse und das Fahrzeug gerät in Brand.

Die Leichen, die die Polizei nach dem Löschen des Feuers in dem Wohnmobil findet, werden als Uwe Mundlos und Uwe Böhnhardt identifiziert. Im sächsischen Zwickau zündet am selben Tag deren Komplizin Beate Zschäpe die Wohnung an, die sie mit Mundlos und Böhnhardt im Geheimen bewohnt hatte. Offenbar hat sie eine brennbare Flüssigkeit verschüttet und entzündet, sodass es zu einer Verpuffung kommt, die das Wohnhaus stark beschädigt. Zschäpe flieht zunächst und verschickt aus einem Versteck heraus mehrere Bekennervideos, die dazu führen, dass ihre Gruppe und deren Taten publik werden. Die Polizei beginnt, nach ihr zu fahnden.

Bei den Waffen, die die Ermittler in dem ausgebrannten Wohnmobil finden, sind zwei dabei, deren Existenz einen Zusammenhang mit einem bisher ungeklärten Kapitalverbrechen erkennen lässt: Es sind die Dienstpistolen zweier Polizisten, auf die am 25. April 2007 ein Mordanschlag verübt wurde. Eine 22-jährige Beamtin starb durch einen Kopfschuss, ihr zwei Jahre älterer Kollege wurde durch einen gezielten Kopfschuss lebensgefährlich verletzt. Es wurde rekonstruiert, dass sich der oder die Attentäter von hinten an die beiden Polizisten, die ihren Streifenwagen für eine Pause auf der Heilbronner Theresienwiese geparkt hatten, angeschlichen hatten. Jahrelang wurde dieses Verbrechen dem sogenannten „Heilbronner Phantom" zugeordnet. Als Tatwaffen wurden eine Tokarew TT-33 und Radom VIS 35 festgestellt. Beiden Beamten wurden ihre Dienstwaffen gestohlen, sie waren jahrelang unauffindbar. Bis jetzt.

Nun, als die bei dem Polizistenmord entwendeten Dienstwaffen in dem ausgebrannten Wohnmobil identifiziert werden, wird das Attentat ebenfalls dem NSU zugeordnet. Ein weiterer Hinweis, der diese Verbindung stützt, ist der Fund einer Jogginghose von Uwe Mundlos, auf der Experten Blutspuren nachweisen. Ein DNA-Abgleich ergibt, dass es sich um Blut der ermordeten Polizistin handelt. Hintergründe und Motiv des Anschlags auf die Beamten sind indes bis heute nicht geklärt. Als die plausibelste These gilt, dass die Täter eher zufällig auf die beiden Beamten in ihrem Streifenwagen aufmerksam wurden und dies als „günstige Gelegenheit“ ansahen, die Polizei anzugreifen – und als Trophäen deren Waffen zu erbeuten.

Schließlich stellt sich die Komplizin der beiden Männer, Beate Zschäpe, der Polizei. Ermittlerinnen und Ermittler finden in ihrer ausgebrannten Zwickauer Wohnung zahlreiche Schusswaffen, darunter die Pistole des Typs Ceska, die bei der Mordserie aus den Jahren 2000 bis 2006 verwendet wurde, sowie eine Schreckschusspistole Bruni, die zu einer scharfen Waffe umgebaut und zusätzlich zur Ceska bei zwei Morden benutzt wurde. In der Wohnung der Rechtsterroristen stellt die Polizei auch das 15-minütige Video sicher, in dem sich der NSU enttarnt und mit seinen Verbrechen prahlt. In dem Propagandafilm finden sich zudem Hinweise darauf, dass die Rechtsterroristen ebenfalls für einen Nagelbombenanschlag in Köln im Jahr 2004 verantwortlich waren, bei dem zweiundzwanzig Menschen teilweise schwer verletzt wurden.

Am 13. November 2011 erlässt der Bundesgerichtshof (BGH) einen Haftbefehl gegen Beate Zschäpe wegen des Verdachts der Mitgliedschaft in einer terroristischen Vereinigung. In der Folgezeit werden weitere mutmaßliche Mittäter verhaftet.

Uwe Böhnhardt und Uwe Mundlos sowie Beate Zschäpe haben schon vor der Mordserie aus den Jahren 2000 bis 2007 eine lange kriminelle Karriere hinter sich. Alle drei sind in Jena aufgewachsen. Nachdem Zschäpe sich zunächst zur Punkerszene hingezogen fühlte, ist sie später, ebenso wie Böhnhardt und Mundlos, in ihrer Jugend durch die Ideologie der NPD maßgeblich geprägt worden. 1995 gründet das Trio gemeinsam mit zwei Gleichgesinnten die „Kameradschaft Jena“ und beteiligt sich in der Folgezeit an Neonazi-Aktionen in ganz Deutschland. Kurze Zeit später schließen sie sich einer der bundesweit größten Neonazi-Kameradschaften an, dem „Thüringer Heimatschutz“.

Ein Jahr danach fertigen sie Bomben und verschicken mehrere zündunfähige Sprengkörper an das Rathaus und die Jenaer Polizei sowie an eine Zeitungsredaktion. Dies führt zu polizeilichen Durchsuchungen ihrer Wohnungen sowie weiterer Räume, bei denen unter anderem Rohrbomben, Macheten und ein Gewehr sichergestellt werden. Dem rechtsterroristischen Trio gelingt die Flucht, sie tauchen unter. In den folgenden Jahren begehen sie mehrere Bank- und Raubüberfälle, aus deren Beute sie ihren Lebensunterhalt bestreiten. Bis zum 4. November 2011, als nach dem Sparkassenüberfall in Eisenach die Spur von Böhnhardt und Mundlos bis zu ihrem Wohnmobil verfolgt wird und die Polizei anrückt – und die beiden Männer später tot in dem brennenden Fahrzeug aufgefunden werden.

Die beiden Rechtsterroristen sind sehr wahrscheinlich durch eigene Hand gestorben. Im Wohnmobil sicherten Ermittler unter anderem zwei Patronenhülsen, die aus einer „Pumpgun“ Winchester abgefeuert wurden. Die entsprechenden Geschosse waren laut Gutachten verantwortlich für den Tod der zwei Männer, die beide durch Schüsse in den Kopf starben. Die Rekonstruktion ergibt: Aller Wahrscheinlichkeit nach hat

Mundlos erst Böhnhardt durch eine Kugel in die linke Schläfe getötet, dann das Feuer im Wohnwagen entfacht und schließlich sich selber durch einen Schuss in den Mund gerichtet. Dass Böhnhardt bereits tot war, als das Feuer ausbrach, ergibt sich, ebenso wie die Kopfschüsse als Todesursache, aus dem Obduktionsbericht: Bei ihm findet sich kein Rauch in der Lunge. Die dritte aufgefundene Patronenhülse stammt aus einer Maschinenpistole Pleter 91. Die entsprechende Waffe wurde mit eingeklemmter Patrone auf einer Sitzbank gefunden, in direkter Nähe des Leichnams, der später als der von Uwe Böhnhardt identifiziert wurde.

Nicht nur die Auffindungsposition der Toten und der Waffen spricht dafür, dass keine dritte Person im Spiel war. Als Ermittler das Wohnmobil betreten und nach Spuren durchsuchen, wird festgestellt, dass es höchst unwahrscheinlich ist, dass im Augenblick der Schüsse eine weitere Person in dem Gefährt gewesen sein kann. Gleichwohl gibt es bezüglich der Situation in dem Fahrzeug noch längere Zeit Spekulationen. Genährt werden sie dadurch, dass die Tatortarbeit problematisch war: Beim Abtransport des Wohnmobils konnte infolge der Brandschäden die ursprüngliche Lage der beiden Toten sowie ihrer Waffen nicht mehr sauber rekonstruiert werden.

Von einem interessierten Rechercheteam wurden der Hamburger Rechtsmedizin umfangreiche Aktenauszüge und Fotodokumentationen bereitgestellt, die unter rekonstruktiven Aspekten zu analysieren waren. Die Einschätzung der forensischen Experten geht allerdings ebenfalls dahin, dass sämtliche Aktionen im Zusammenhang mit dem Banküberfall sowie die nachfolgende Flucht und dann das Eröffnen des Feuers auf die anrückenden Einsatzkräfte alleine durch Mundlos und Böhnhardt – ohne einen weiteren Komplizen – durchgeführt wurden. Einen ominösen dritten Mann gab es in diesem Fall nicht.

Die Rekonstruktion der Ereignisse durch die polizeilichen Ermittler ergibt zudem, dass der erste der insgesamt drei Schüsse im Wohnmobil von Böhnhardt abgegeben worden ist, der damit das Feuer auf die Polizisten eröffnet hat, die Beamten jedoch verfehlt. Nach dem Schuss erleidet die Waffe einen Defekt, einen sogenannten Patronenklemmer. Der Täter legt die Waffe ab. Die beiden weiteren Schüsse sind die, die Mundlos aus seiner Pumpgun abfeuert, auf seinen Komplizen und dann gegen sich selbst. Es ist wohl zwischen den Männern so verabredet gewesen: Wir lassen uns nicht festnehmen. Lieber sterben wir.

Nachdem die Mordserie aufgedeckt ist, kommt es zu teilweise massiver Kritik an den Sicherheitsbehörden. Der Vorwurf lautet, sie hätten viel zu lange die Täter fast ausschließlich im Umfeld der Opfer vermutet, was zu einer Stigmatisierung der Angehörigen geführt habe. Vor allem seien zu lange Hinweise ignoriert worden, dass die Morde einen rechtsextremen Hintergrund haben. Die spätere Untersuchung eines Gremiums des Bundestags kritisiert „schwere behördliche Versäumnisse und Fehler sowie Organisationsmängel".

In dem Prozess vor dem Oberlandesgericht München, in dem sich vom 6. Mai 2013 an Beate Zschäpe als die Komplizin von Böhnhardt und Mundlos neben vier

Mitangeklagten verantworten muss, wird Zschäpe die Beteiligung an den vom NSU verübten Morden vorgeworfen. In der Anklage wird sie als „Gründungsmitglied des NSU" bezeichnet. Neben der Mittäterschaft an den Morden wird sie unter anderem zweier Sprengstoffanschläge beschuldigt. Eine Verurteilung der damals 43-Jährigen fünf Jahre später wegen zehnfachen Mordes, Mitgliedschaft in einer terroristischen Vereinigung und schwerer Brandstiftung zu lebenslanger Freiheitsstrafe wird damit begründet, dass Zschäpe nach Überzeugung des Gerichts ein gleichberechtigtes Mitglied eines eingeschworenen Trios war. Zwar seien ihr keine eigenhändigen Tatbeiträge nachzuweisen, allerdings habe die Gruppe gemeinsam den Beschluss gefasst, Menschen aus rassistischen Motiven zu töten. Die Ausführung der Morde hätte ohne Zschäpe nicht gelingen können, so die Richter. Sie habe sich um die gemeinsame Wohnung gekümmert und so für einen Rückzugsraum gesorgt. Sie habe außerdem die Finanzen verwaltet und bei der Planung der Taten mitgewirkt.

Lebenslange Haft, verbunden mit der besonderen Schwere der Schuld, die das Gericht zusätzlich feststellt: Es ist durchaus möglich, dass Beate Zschäpe wirklich bis an ihr Lebensende hinter Gitter bleiben wird.

SCHUSS-SHORT-STORIES

Tod durch Schuss: Hierbei handelt sich es geradezu um eine unendliche Geschichte, dazu um Fälle mit bemerkenswert großer Bandbreite und Unterschieden. Am Institut für Rechtsmedizin des Universitätsklinikums Hamburg-Eppendorf wurden in den vergangenen fünfzig Jahren etwa tausend Todesfälle durch Schuss obduziert. In Hinblick auf alle Sektionsfälle handelte es sich in etwa zwei bis drei Prozent um Todesfälle durch Schuss. Da es sehr häufig um die Unterscheidung geht, ob ein Unfall, ein Suizid oder ein Tötungsdelikt vorliegt, ist die Obduktionsfrequenz bei Todesfällen durch Schuss relativ hoch.

Die Staatsanwaltschaft verzichtet auf Obduktionen allenfalls dann, wenn eindeutige Hinweise für ein suizidales Geschehen gegeben sind. Das wäre beispielsweise die Ankündigung einer Selbsttötung, ein Abschiedsbrief, der gefunden wird, oder eine depressive Erkrankung. Auch sichere Verschlussverhältnisse der Wohnung gehören zu solchen Kriterien, eine nachvollziehbare Situation am Geschehensort, wenn etwa eine

Waffe im Nahbereich des Leichnams gefunden wird, sowie eindeutige Schmauchspuren.

Von diesen zahlreichen Sektionsfällen können wir hier nur einen verschwindend geringen Prozentsatz als detaillierte Falldarstellung wiedergeben. Bei der Auswahl haben wir uns von mehreren Kriterien leiten lassen. Die öffentliche Aufmerksamkeit für spezielle Fälle oder besonders spektakuläre Begleitumstände sind solche Merkmale, ebenso kriminalistische Spezialeffekte – oder eine besondere Tragik.

Darüber hinaus stellen wir einige Fälle im weiteren Umkreis, teilweise auch international, vor, wenn die Hamburger Rechtsmedizin hierzu eigenen Sachverstand beigesteuert hat. Andere, ebenfalls sehr spannende Fälle, sind dem beschränkten Buchumfang zum Opfer gefallen. Wir wollen in diesem Kapitel Forschungsergebnisse referieren sowie Fälle kurz zusammengefasst präsentieren, bei denen uns die sonstigen Umstände als besonders markant erscheinen.

Auf die Gesamtanalyse bezogen sind in der Rechtsmedizin folgende Entwicklungen und Sachlagen ermittelt worden:

- Mit durchschnittlich etwa zwei bis drei Prozent ist der Anteil an Sektionen von Schusstoten am Gesamtvolumen der Sektionen im Hamburger Institut für Rechtsmedizin als gering einzustufen.
- Die Fallzahlen sezierter Schusstoter sind im Vergleich der letzten fünfzig Jahre insgesamt leicht rückläufig. Dies gilt insbesondere für Opfer von Tötungsdelikten von fremder Hand.

- Der Großteil der Opfer befindet sich im mittleren Lebensalter. Sehr junge und sehr alte Personen kommen seltener durch Schusswaffen um. Das jüngste Opfer im untersuchten Zeitraum war vier Jahre alt und wurde vom Ex-Freund der Mutter erschossen. Das älteste Opfer, ein Mann, 88 Jahre alt, suizidierte sich aufgrund schwerer Krankheit.
- Mit steigendem Alter der Opfer verschiebt sich die Deliktart von Tötungshandlungen durch fremde Hand hin zu Selbsttötungen. Bei den jüngeren Opfern überwiegt der Anteil an Tötungsdelikten von fremder Hand.
- Männer kommen deutlich häufiger durch Schusswaffen zu Tode als Frauen. Ebenso stellen sie einen bedeutend höheren Anteil an Tätern, die eine andere Person mittels einer Schusswaffe tödlich verletzt haben.
- Der Anteil an nicht-deutschen Personen ist signifikant erhöht, auf beiden Seiten, der der Täter wie der Opfer.
- Faustfeuerwaffen stellen den überwiegenden Teil der verwendeten Waffen dar. Dies gilt für alle drei untersuchten Todesarten. Ungewöhnliche Schusswaffen wie etwa Bolzenschussgeräte oder eigens konstruierte Schießvorrichtungen kommen fast ausschließlich bei Selbsttötungen zum Einsatz. Auch Gewehre sind hier stärker vertreten. Bei den Tötungsdelikten hingegen finden sich meist Faustfeuerwaffen und innerhalb dieser Gruppe mehr Pistolen als Revolver. Unfälle haben prozentual den höchsten Anteil an Gewehren, was sich dadurch er-

klärt, dass es gerade auf der Jagd immer wieder zu tragischen Unglücksfällen kommt.

Ein besonderer Bezug zu einem bestimmten Beruf, beispielsweise Soldat, Jäger oder Polizeibeamter, bestand in zehn Prozent aller Fälle. Zumeist handelte es sich um Suizide. Einige der Getöteten waren Polizeibeamte, die im dienstlichen Einsatz erschossen wurden. In diversen weiteren Fällen hatten Polizeibeamte selbst die tödlichen Schüsse abgegeben. Es handelte sich hierbei um dienstliche Einsätze, zum Beispiel Banküberfälle, weitere Geschehen, bei denen ein Täter auf der Flucht erschossen wurde, und Fälle, bei denen der tödliche Schuss beziehungsweise die Schüsse zur Selbstverteidigung insbesondere gegenüber psychisch ausgerasteten Angreifern abgegeben wurden.

Selbstgebaute beziehungsweise umgebaute Waffen wurden in einzelnen Fällen verwendet. So beging ein 60-jähriger Schlosser mit einem selbstgebauten Schießgerät Suizid. Das auf der Drehbank gefertigte Eisenprojektil wurde durch eine Kartusche aus dem Lauf getrieben. Bei der Schussabgabe zerplatzte der Lauf; das Projektil drang dennoch durch das Herz in die Wirbelsäule ein. Bei einem weiteren selbstgefertigten Schussapparat hat ein Tischler eine Bolzensetzkartusche und ein zurechtgefeiltes Stahlprojektil verwendet. In einigen Fällen konnte zudem festgestellt werden, dass an den Waffen manipuliert worden war. Bei den Fällen, bei denen die Waffe in der Hand aufgefunden wurde, handelte es sich stets um Suizide. In einigen Fällen wurde eine Langwaffe mit beiden Händen gehalten.

Als Besonderheit sei auf einen Todesfall durch Erschießen hingewiesen, bei dem der Mann sich mit der rechten Hand in die linke Schläfe geschossen hat.

Besondere Einschusslokalisationen sind stets sehr kritisch zu rekonstruieren. Beispielsweise fanden wir bei Nackenschüssen ein Drittel Suizide und zwei Drittel Tötungshandlungen. Bei einer suizidalen Schussbeibringung im Bereich des Hinterhaupts wurde festgestellt, dass die Waffe mit dem Griff nach oben an den Kopf gehalten wurde. Der Abzug wurde mit dem Daumen betätigt. Mundschüsse lagen relativ häufig vor. Fast immer handelte es sich um Suizide. Tötungsdelikte mit dieser Lokalisation sind extrem selten. Als Besonderheit sei hier vermerkt, dass bei einem Suizid sogar ein zweifacher Mundschuss festgestellt wurde.

Viele spannende, außergewöhnliche Fälle sind unserem inneren Rotstift zum Opfer gefallen. Wir wollen sehr kurz gefasst noch auf einige besondere Fälle hinweisen, eine Fall-Zusammenstellung aus Sicht einer Gerichtsreporterin und der Hamburger Rechtsmedizin.

Der Dreifach-Mörder Sven B.

„Jetzt ist es aus mit euch!" Sven B. hat angekündigt, was er seiner Ex-Geliebten und deren Kindern antun will. Und der 33-Jährige hat seinen Plan kaltblütig umgesetzt. Er handelte aus Rache – und aus Hass, weil er nicht hinnehmen wollte, dass sich die Frau von ihm getrennt hat. Er fesselte die Opfer mit Handschellen und feuerte 19 Schüsse auf sie ab. Allein die elf Jahre alte Tochter überlebte.

Ihr ist es gelungen, ihre zarten Hände aus den Fesseln zu winden. „Im nächsten Moment riefen die Mutter und die Schwestern: ‚Lauf, lauf!'", erzählt das Mädchen später, nachdem sie knapp dem Tode entkommen ist. „Und ich lief." Während sie wegrennt, hört die Elfjährige noch die Schüsse, mit denen ihre Geschwister und ihre Mutter ermordet wurden.

„Sie haben eine entsetzliche Bluttat begangen, deren äußeres Erscheinungsbild einer Hinrichtung gleichkommt", formulierte es der Vorsitzende Richter der Großen Strafkammer 21 am Ende des Prozesses, als der wegen Mordes angeklagte Sven B. am 31. Mai 2001 verurteilt wurde. Der Richter sprach von „einer auf tiefster Stufe stehenden, verachtenswerten Tötungsabsicht". Das Schwurgericht verurteilte den Mann zu lebenslanger Haft; gleichzeitig erkannte die Kammer auf die besondere Schwere der Schuld.

Sven B. hatte die Opfer am späten Nachmittag des 31. August 2000 in seine Gewalt gebracht, nachdem er ihnen in ihrer Wohnung in Hamburg-Wilhelmsburg aufgelauert hatte. Er fesselte die 36-jährige Frau, seine ehemalige Partnerin, und deren drei Töchter mit Handschellen aneinander und an ein Bügelbrett. Nachdem die Jüngste entkommen konnte, wurden die Mutter und die beiden 14 und 15 Jahre alten Schwestern vom Täter niedergestreckt.

Nach dem Tötungsverbrechen floh der Täter in die Wohnung von Bekannten, die er dann als Geiseln nahm. Das Mobile Einsatzkommando stürmte schließlich die Wohnung und konnte die beiden Kinder der Familie sofort befreien, später dann auch die Frau. Den Mann hatte Sven B. weggeschickt, um für ihn Alkoholika einzukaufen. Der Mörder selbst wurde mit mehreren Schüssen außer Gefecht gesetzt, zwei Kugeln trafen ihn in den Kopf. Er überlebte schwer verletzt.

Die Obduktionen der drei Mordopfer ergaben folgende Befunde: Die 15-Jährige hatte einen Kopf-Steckschuss sowie einen Hals-Kopf-Steckschuss, außerdem sieben Durchschüsse am Oberkörper und zwei Arm-Durchschüsse. Die 14-Jährige erlitt zwei Kopf-Hals-Steckschüsse, einen Gesichts-Durchschuss sowie vier Rumpf-Durchschüsse. Die 36-jährige Mutter wurde durch zwei Kopf-Steckschüsse mit Einschuss im Hinterhauptsbereich sowie einen Kopf-Hals-Durchschuss getötet; außerdem hatte sie jeweils einen Unterarm-Steckschuss und -Durchschuss. Sven B. behauptete im Prozess, die erste Kugel habe sich versehentlich gelöst, dann habe er Panik bekommen. Das Gericht nahm ihm das nicht ab.

Im Prozess gegen den Mörder ihrer Mutter und ihrer Schwestern wurde die Aussage der Elfjährigen, die sie bei der Polizei gemacht hatte, über Video eingeführt. Den Angeklagten, der nach seinen eigenen schweren Schussverletzungen, die er bei seiner Festnahme erlitten hatte, mit dunkler Sonnenbrille und Piratentuch seine Narben verbarg, ließen die Schilderungen offenbar kalt. Nachdem sie sich aus den Handschellen hatte befreien können, so erzählte es die Schülerin, sei sie über den Balkon geflüchtet. Dann sei sie zunächst weinend und zitternd stehen geblieben. „Sven rief meinen Namen, da bin ich gerannt.“ Dann habe sie die Schüsse aus der Wohnung gehört. Als die Polizei kam, fragte die

Elfjährige eine Beamtin: „Wie geht es meiner Mutter?“ In diesem Moment erfuhr das Mädchen die traurige, grausame Wahrheit.

Der grausame Dealer

Abdullah A. glaubte, er sei der King im Stadtteil. Der 25-Jährige „regierte“ in Hamburg-Wilhelmsburg mit harter Hand und scharte eine Gefolgschaft um sich, die ihm – teils aus Bewunderung, teils aus Angst – folgte. Seinen Lebensunterhalt verdiente der Mann durch den Handel mit Rauschgift. Und wer ihn oder seinen Stoff kritisierte, bekam seine unbändige Wut zu spüren.

Ein 19-Jähriger hat die Folgen einer solchen Tortur nicht überlebt. Tatwaffe war eine Gaspistole. Der Dealer wollte am Fall des 19-Jährigen, der es gewagt hatte, die Qualität seiner Drogen infrage zu stellen, ein Exempel statuieren. Mithilfe zweier Genossen verletzte er das Opfer durch diverse Schläge, Tritte und Messerstiche, würgte ihn bis zur Bewusstlosigkeit. Weiterhin brachte er dem Opfer im Gesichtsbereich insgesamt sechs Schussverletzungen mittels einer Gaspistole bei. Dies führte zu extrem schmerzhaften Hautaufreißungen und -verbrennungen. Zuletzt wurde die Gaswaffe in den Mund des Opfers eingeführt und abgedrückt. Das Opfer starb durch Verbluten.

Der Täter wurde wegen Mordes verurteilt. Das Gericht betonte, dass bei der Tat gleich zwei sogenannte Mordmerkmale vorlagen, die der Grausamkeit und ein Handeln aus „niedrigen Beweggründen“. Abdullah A. war, bevor er zu seiner Gefängnisstrafe verurteilt wurde, mehrfach in der Psychiatrie gewesen. Dort hatte er einmal gesagt, er wolle herausfinden, wie es sich anfühlt, jemanden umzubringen – mit den eigenen Händen.

Die letzte Fahrt

Hier ist das Opfer ein älterer Taxifahrer. Er war schlicht und ergreifend zur falschen Zeit am falschen Ort. Es war Zufall, dass sein Wagen am Taxistand am Blankeneser Bahnhof in Hamburg ganz vorne stand, als der 24 Jahre alte Mohamed C. aus der S-Bahn kam und in den Wagen stieg. Der Täter war schon als Jugendlicher stark verhaltensauffällig. Er konsumierte unkontrolliert Drogen und Alkohol. Und er verbrachte längere Zeit stationär in der Jugendpsychiatrie. Danach wendete er sich verstärkt dem Islam zu. Er legte sich ein geheimes Waffendepot an, unter anderem bunkerte er eine scharfe Pistole.

Als der Taxifahrer am Zielort anhielt, zog der Täter seine Waffe und schoss dem Fahrer dreimal in den Hinterkopf und die Nackenregion. Das Opfer verstarb an seinen schweren Hirnverletzungen. Der Täter stahl Geld und Kreditkarten. Anschließend flüchtete er zur nächsten S-Bahn-Station Klein Flottbek. Die Tatwaffe entsorgte er kurz darauf in der Elbe.

Die Kriminalpolizei kam dem Täter schnell auf die Spur, als die Aufzeichnungen der Videokameras an den S-Bahnhöfen in Blankenese und Klein Flottbek analysiert wurden. Tatsächlich war hier ein Mann zu sehen, der auffällige Kleidung trug und zu den fraglichen Zeiten auf beiden Stationen zu erkennen war.

Der psychisch kranke Täter wurde des Raubmords für schuldig befunden und in die geschlossene Psychiatrie eingewiesen. Den Verlauf der Schusskanäle sowie die Position des Täters bei der Schussabgabe konnte die Hamburger Rechtsmedizin durch eine 3-D-Rekonstruktion im Taxi exakt nachstellen. Dafür erwiesen sich die Computertomografien vom Schädel des Opfers als besonders wichtig.

Die Taten der RAF

Die Taten der sogenannten Rote Armee Fraktion (RAF) zeigten eine bis dahin im Nachkriegsdeutschland nicht bekannte Form der Gewalt. Die RAF war eine 1970 gegründete, linksextremistische, terroristische Vereinigung, die bei ihrem Kampf gegen das „imperialistische Herrschaftssystem" der Bundesrepublik insgesamt 34 Menschen ermordet hat. Darunter waren mehrere bekannte Persönlichkeiten wie der Arbeitgeberpräsident Hanns Martin Schleyer, Generalbundesanwalt Siegfried Buback oder der Diplomat im Auswärtigen Amt, Gerold von Braunmühl. Insgesamt zehn Polizeibeamte ließen bei der Bekämpfung des Terrorismus ihr Leben.

Am 22. Oktober 1971 wird der Zivilfahnder Norbert Schmid während einer Personenkontrolle an der Hamburger S-Bahn-Station Poppenbüttel von zwei RAF-Mitgliedern erschossen. Er ist das erste Mordopfer der RAF. Am 2. März 1972 sollen die RAF-Mitglieder Manfred Grashof und Wolfgang Grundmann in einer Hamburger Wohnung gestellt werden. Es kommt zu einem Schusswechsel, bei dem Grashof den Leiter der

SOKO Baader/Meinhof, Hans Eckhardt, erschießt. Das Logo der RAF geht um die Welt. Es ist eine Maschinenpistole HK MP5 vor einem roten Stern.

Andreas Baader, 1972 an fünf Sprengstoffanschlägen mit vier Todesopfern und mehreren Bankrauben beteiligt, wurde 1972 verhaftet und 1977 im Prozess in Stuttgart-Stammheim zu lebenslanger Haft verurteilt. Er erschoss sich am 18. Oktober 1977, in der sogenannten Todesnacht von Stammheim, mit einer in die Justizvollzugsanstalt Stuttgart eingeschmuggelten Waffe. Außer Baader starben in jener Nacht auch Ulrike Meinhof und Jan-Carl Raspe. Von ihrem Rechtsanwalt waren von 1976 an drei Schusswaffen in den Hochsicherheitstrakt in Stuttgart eingeschleust worden. Mit zwei von ihnen töteten sich Raspe und Baader.

Die Schusswaffen wurden in einem Hohlraum eines gehefteten Handaktenbandes des Anwalts, verklebt mit Buchbinderleim, in den Gerichtssaal geschmuggelt und an die Häftlinge übergeben. Baader erhielt eine Pistole des ungarischen Herstellers FEG, Kaliber 7,65 Millimeter, die er zunächst in einem Mauerversteck in seiner Zelle und später in seinem Plattenspieler verbarg. Jan-Carl Raspe wurde eine Pistole der Marke Heckler & Koch, Typ HK 4 zugespielt. Die dritte Waffe, ein Colt Detective Special, Kaliber 38, wurde erst einen Monat nach dem Tod der Häftlinge ebenfalls in einem Mauerversteck (Zelle 723 von Helmut Pohl) entdeckt.

Um den Suizid von Baader rankten sich eine Zeit lang noch gewisse Legenden, weil er sich einen Nackenschuss beigebracht hatte. Wegen des besonderen Verlaufs des Schusskanals wurde von interessierten Kreisen die nicht haltbare Theorie einer Fremdtötung durch das Wachpersonal aufgebracht.

Elektro-Schuss mit Taser – zusätzlich scharf geschossen!

Bei einem Taser handelt es sich um eine Distanz-Elektroimpulswaffe, eine Weiterentwicklung des klassischen Elektroschockers. Mittels Kartusche werden zwei Pfeile mit Widerhaken abgeschossen. Die maximale Distanz beträgt fünf bis zehn Meter, die Stromstärke 0,004 Ampere, die maximale Spannung 50 000 Volt. Die beiden Pfeile bleiben über dünne Drähte mit dem Gerät in Verbindung. Der Strom fließt über die Drähte zur Person. Hier kommt es zu heftigen Muskelkontraktionen, die zu Bewegungsunfähigkeit und zu Schmerzen führen.

Im Vergleich zu echten Schusswaffen birgt der Taser deutlich geringere Risiken. Allerdings sind die körperlichen Effekte noch nicht abschließend geklärt. Die Benutzung sollte speziell geschulten Einsatzkräften vorbehalten bleiben. Für die Einsatzmöglichkeiten sind klare Richtlinien zu fordern.

Ein sehr schwerwiegender Zwischenfall, bei dem eigentlich ein Taser eingesetzt werden sollte, wurde in der Hamburger Rechtsmedizin untersucht. Der Polizeibeamte hat allerdings versehentlich seine scharfe Dienstwaffe Walther PPK gezogen und den Täter hiermit schwer verletzt. Dies war ein dramatischer Zwischenfall bei einem Polizeieinsatz in Bremen. Aus den USA sind mehrere Todesfälle bekannt geworden, bei denen die Beamten statt ihres Tasers versehentlich mit ihrer Dienstpistole scharf geschossen haben. Auch über tödliche Taseranwendung bei schwer herzkranken Personen wurde vereinzelt berichtet.

Ungewollter (tödlicher) Schusswaffeneinsatz durch Polizeibeamte

In der Hamburger Rechtsmedizin wurden drei Todesfälle untersucht, bei denen es zu einem unbeabsichtigten (tödlichen) Schusswaffeneinsatz durch Polizeibeamte kam. Es handelte sich jeweils um Einsatzkräfte mit jahrelanger dienstlicher Erfahrung. Im Zusammenhang mit der ungewollten Schussabgabe waren die Polizisten bei der Festnahme von offensichtlich gewaltbereiten Tätern in eine unerwartete, sensorisch und motorisch unkontrollierbare Situation gebracht worden. Der abgegebene Schuss führte in allen drei Fällen zu rückwärtig gelegenen Einschüssen am Körper der jeweils jüngeren männlichen Opfer. In einem Fall wurde der Kopf getroffen, in den anderen beiden der Nacken beziehungsweise der Rücken.

Juristisch kam es einmal zur Einstellung des Ermittlungsverfahrens gegen den Beamten, einmal zur Verurteilung wegen fahrlässiger Tötung und einmal zum Freispruch im Gerichtsverfahren.

Die Abgabe eines nicht beabsichtigten Schusses – mit tödlichem Ausgang – ist für Polizeibeamte ein sehr belastendes, traumatisches Ereignis. Andererseits kann das Problem der ungewollten Schussabgabe nicht mit einer Einschränkung der Eigensicherung kompensiert werden, sondern bedarf eines intensiven Ansatzes bei der Ausbildung und dem Einsatztraining.

Die näheren Umstände der ungewollten Schussabgabe im Polizeieinsatz waren jeweils dadurch gekennzeichnet, dass es sich um unübersichtliche Situationen handelte. Diese veränderten sich plötzlich, wobei es zu einer erheblichen Krafteinwirkung auf jeweils einen Arm des Polizeibeamten kam. In einem Fall hatte sich der Beschuldigte losreißen wollen. In einem anderen robbte der Mann weg und trat mit dem Bein, welches der Polizeibeamte gepackt hielt, um sich. Im dritten Fall wurden der Arm sowie der Körper des Beamten plötzlich nach vorn gerissen, weil das Fahrzeug, in dem das Opfer saß, sich ruckartig in Bewegung setzte. In allen Fällen, die sich jeweils abends oder nachts ereigneten, waren die Lichtverhältnisse schlecht. Es handelte sich um dynamische Situationen, bei denen es darüber hinaus zu einem Verlust der Körperbalance kam.

Durch die medizinischen Sachverständigen aus der Rechtsmedizin, der Sportmedizin und der Neurophysiologie konnte dargelegt werden, dass eine ungewollte Mitbewegung der Schusshand vorlag, durch die reflexartig ein Schuss ausgelöst wurde.

Tödliche Schrotschussverletzungen

Die Wundmorphologie von Schusswaffen variiert beträchtlich in Abhängigkeit vom Typ der eingesetzten Waffe. Das Wissen um die Hauptmerkmale der unterschiedlichen Schusswaffentypen ist für Rechtsmediziner von Bedeutung, wenn auch in der täglichen Routine nicht zwingend die Notwendigkeit besteht, die unüberschaubare Menge an Details der einzelnen Schusswaffentypen zu erarbeiten. Die Besonderheiten bezüglich Aufbau, Ballistik, Munition und Wundmorphologie von Schrotwaffen kommen nur relativ selten zum Tragen.

Ein 27-jähriger Mann russischer Nationalität wird nachts in Bauchlage leblos in einer großen Lache von Blut und Hirnmasse auf einem Feldweg in der Nähe eines Baggersees aufgefunden. Zeugen hatten in dem Waldgebiet mehrere Schüsse gehört und die Polizei alarmiert.

Die Obduktion ergibt vier Schrotschussverletzungen. Im Rahmen der Obduktion angefertigte Röntgenaufnahmen von Kopf und Rumpf zeigen diverse Schrotkugeln im Körper. Eine postmortale Blutalkoholbestimmung ergibt eine Blutalkoholkonzentration von 2,2 Promille. Todesursache ist eine Einschussverletzung am Hinterkopf mit massivsten Hirngewebszerstörungen.

Fazit: Schrotschusswaffen sind im Nahschussbereich extrem zerstörerisch und darüber hinaus in der Lage, aus weiter entfernter Schussdistanz lebensbedrohliche Verletzungen hervorzurufen.

Geschossembolie nach Kopfschuss

Die Geschossembolie ist eine seltene Komplikation nach Schussverletzungen. Wird ein Geschoss im Körper oder durch einen Gegenstand stark abgebremst, ist es möglich, dass es eine Gefäßwand durchdringt, ohne deren Rückseite zu verletzen. Das Geschoss kann dann durch den Blutfluss in eine andere Körperregion verschleppt werden.

Ein 42 Jahre alter Mann wurde leblos von seiner Lebensgefährtin im Bett mit mehreren Schussverletzungen aufgefunden. Täter war ihr Ex-Mann. In diesem Fall ist ein Projektil in die große Halsvene eingedrungen und dann von hier weiter in eine große Blutader in der Brusthöhle verschleppt worden.

Erhaltene Handlungsfähigkeit nach Kopfschuss

Über Fälle von ungewöhnlich lang und differenziert erhaltener Handlungsfähigkeit nach Kopfschussverletzung ist in der rechtsmedizinischen Fachliteratur immer wieder berichtet worden. Kriminalistisch ist die Kenntnis dieser Zusammenhänge in solchen Fällen unabdingbar, wenn bei Auffinden eines Leichnams die Frage beantwortet werden soll, ob sich jemand mehrere Kopfschussverletzungen selbst beigebracht haben kann.

Ein zum Zeitpunkt des Geschehens 32 Jahre alter Mann schoss sich in einem Waldstück offenbar in suizidaler Absicht mit einer Pistole in den Mund. Nach dem Schuss bestieg er sein Fahrzeug, das in etwa 300 Meter Entfernung abgestellt war, und fuhr damit zwei Kilometer weit zur Wohnung seiner Eltern. Hier ist er nach Angaben der Mutter „blutüberströmt" aus dem Auto gestiegen und hat sich in sein Zimmer eingeschlossen.

Durch die Feuerwehr wurde die Tür zu dem Raum gewaltsam geöffnet. Man fand den Mann wach und bewusstseinsklar auf seinem Bett liegend vor. Im Krankenhaus ergab eine Computertomografie des Kopfes ein unter der Kopfhaut in der rechten Schädelregion liegendes Projektil mit ausgedehnter Umblutung und einem Schussbruch im Bereich des harten Gaumens mit Schusskanal durch die Schädelbasis in Richtung der rechten Schläfe. Der durchgeführte neurochirurgische Eingriff verlief komplikationslos, sodass der Patient nach neuntägiger Intensivbehandlung auf eine normale Station verlegt werden konnte. Postoperativ blieb lediglich eine diskrete Lähmung der linken Körperseite. Schusskanäle durch den frontalen Bereich des Gehirns (Stirnhirn) enden gelegentlich nicht tödlich, weil hier keine lebenswichtigen Steuerungszentren lokalisiert sind.

Tödliche Schussverletzungen bei Kindern

Im Rahmen einer sehr umfangreichen retrospektiven Untersuchung der im Institut für Rechtsmedizin bearbeiteten Schusstodesfälle gab es auch Fälle, in denen die Opfer noch Kinder waren. In einigen Fällen handelte es sich um Unfälle, in anderen um Tötungsdelikte. Dies waren jeweils Beziehungstaten, wobei der Vater innerhalb der Familie den Sohn beziehungsweise die Tochter erschoss. Eine Mutter ist nicht als Täterin aufgetreten.

In einem Fall hatten die Experten einen vier Jahre alten Jungen zu obduzieren, der von seinem ein Jahr älteren Bruder beim Spielen mit der Schusswaffe des Vaters versehentlich getroffen wurde. Am Tatort fanden die Ermittler folgende Situation vor: Der kleine Sohn eines Landfahrers wurde im Wohnzimmer mit einer Kopfschussverletzung tot aufgefunden. Der Vater war zum Zeitpunkt des Geschehens selbst stark betrunken. Die Rekonstruktion ergab, dass das Kind von seinem Bruder durch einen Schuss aus der vom Vater illegal erworbenen Selbstladepistole FN-Browning, Kaliber 7,65, tödlich getroffen wurde. Der Vater hatte die Pistole unter einer zusammengelegten Decke auf dem Sofa liegen gelassen.

Der Obduktionsbericht stellte eine Kopfschussverletzung mit Einschuss an der Oberlippe fest, einen Durchschuss des Oberkiefers und der Halswirbelsäule und den Ausschuss am Nacken. Der Vierjährige verstarb durch die hohe Rückenmarksdurchtrennung im Verlauf des Schusskanals.

Der angeklagte Vater wurde später wegen unerlaubten Erwerbs und Führens einer Schusswaffe sowie wegen fahrlässiger Tötung verurteilt. Bei der fahrlässigen Tötung wurde jedoch von einer Bestrafung abgesehen, da er durch den Verlust seines Kindes bereits schwer betroffen war.

Wie starb Adolf Hitler?

Über Adolf Hitlers Tod im Führerbunker am 30. April 1945 gibt es diverse Versionen: Starb der Diktator durch Gift, durch eine Kugel oder eventuell durch Verbrennen – von eigener Hand oder von fremder Hand? Spekulationen und Mythen sind weit verbreitet.

Unter Berücksichtigung aller protokollierten Zeugenaussagen, des Sektionsprotokolls der Russen sowie der nachfolgenden gerichtsmedizinischen Untersuchungen ist eindeutig folgende Rekonstruktion am stichhaltigsten; sie stammt aus der Hamburger Rechtsmedizin: Eine kombinierte Selbsttötung durch Zerbeißen einer Zyankalikapsel und kurzzeitig danach erfolgtem suizidalem Kopfschuss wurde nachgewiesen. Es ist davon auszugehen, dass nach dem Zerbeißen der Zyankalikapsel zunächst noch Handlungsfähigkeit gegeben ist – zumindest in der Größenordnung von ein bis zwei Minuten. Unter Berücksichtigung dieser Handlungsfähigkeit könnte sich Adolf Hitler durchaus einen rechtsseitigen Schläfenschuss, dessen Verlauf stark nach rückwärts gerichtet war, beigebracht haben. Der Leichnam Hitlers wurde dann in einem Bombentrichter neben dem Führerbunker mit Benzin übergossen und angezündet. Diese kombinierte Selbsttötung entspricht auch der vor Zeugen bekundeten Absicht Adolf Hitlers, „ganz sicher zu gehen".

NACHWORT

Unsere Buchreihe steht unter dem Motto „Die Wahrheit ist der beste Krimi“ sowie „Faszination Rechtsmedizin“. Beides gilt in besonderem Maß für das Thema Schuss/Erschießen/Erschossen.

Innerhalb der Rechtsmedizin stellt dieses Kapitel eine besondere Herausforderung für die Rekonstruktion, Spurensicherung, Obduktion und Beweisführung dar. An die Untersuchungstechnik werden hohe Ansprüche gestellt. Bei konsequentem Einsatz aller technischen Möglichkeiten von Anfang an kann man allerdings eine hohe Quote an sicheren Analysen erzielen, die juristisch eine große Tragweite hat.

Wir sind selbst keine (Schuss-)Waffenexperten im engeren Sinne. Die Faszination für Pistolen, Revolver, Gewehre und andere Schusswerkzeuge ist uns eher fremd und unheimlich. Ihre Wirkung ist durchaus abstoßend.

Was als Erkenntnis bleibt: Mit Schusswaffen muss man extrem sorgfältig umgehen ... wenn überhaupt. Für Sportschützen, Jäger und waffentragende Einsatzkräfte ist das selbstverständlich. Durch ein relativ weitreichendes Waffengesetz wird das in unserem Land auch gut abgesichert.

Dennoch: Missbrauch, kriminelle Machenschaften, Unachtsamkeit und Unfälle führen immer wieder zu Verletzungen, Leid und Tod. Eine unendliche Geschichte, die sich an vielen Plätzen dieser Erde eher noch zuspitzt. Für die Rechtsmedizin gibt es in professioneller Hinsicht nur eine Schlussfolgerung: immer wieder ganz genau hinsehen und dokumentieren. Von den Toten lernen wir für die Lebenden. Damit es möglichst nicht wieder passiert.

Im Zusammenhang mit dem Thema Schuss müssen wir uns bei besonders vielen Kollegen aus den Bereichen Polizei, Justiz und Technik bedanken. Dies ist eine weitgehend interdisziplinäre Thematik, bei der es zur Beweisführung zahlreicher unterschiedlicher Ermittlungen und Kooperationen bedarf. Wir danken allen Kriminalbeamtinnen und Kriminalbeamten, die die geschilderten Fälle bearbeitet und aufgeklärt haben. Ebenfalls bedanken wir uns bei einigen befreundeten Rechtsmedizinern, die uns ihre Befunde zur Verfügung gestellt haben. Danke auch an alle Staatsanwälte, die als Ermittler und Ankläger die Täter vor Gericht gebracht haben. Und danke an alle Richter, aus deren mündlichen Urteilsbegründungen wir zitiert haben, speziell an Wolfgang Backen, der ein beeindruckendes Buch geschrieben hat („Das Leben ist zerbrechlich").

Besonderer Dank gilt unseren Verlegern Marita Ellert-Richter und Gerhard Richter sowie unserem bewährten Lektor Werner Irro. Die Zusammenarbeit in diesem Team hat sich sehr bewährt.

Wahre Geschichten, die spannender, schockierender und monströser sind als jeder Krimi

Klaus Püschel / Bettina Mittelacher
Der Tod gibt keine Ruhe
Faszinierende Fälle aus der Rechtsmedizin
328 Seiten
978-3-8319-0735-9

Warum musste ein Mensch sterben, so plötzlich und völlig unerwartet? Was musste das Opfer ertragen? Was genau ist in den letzten Augenblicken seines Lebens geschehen? Rechtsmediziner Klaus Püschel, seit vier Jahrzehnten international gefragter Experte seines Fachs, hat alles gesehen, analysiert und rekonstruiert, was Menschen anderen Menschen antun. Und Gerichtsreporterin Bettina Mittelacher hat in zahllosen Prozessen mit angehört, wie Menschen zu Gewaltverbrechern wurden und durch welche Hölle ihre Opfer gegangen sind.

Tote schweigen nicht
256 Seiten
978-3-8319-0660-4

Tote lügen nicht
288 Seiten
978-3-8319-0702-1

Klaus Püschel / Bettina Mittelacher
Sex and Crime
Die Wahrheit ist der beste Krimi
184 Seiten
978-3-8319-0756-4

Ein Mann tötet drei Frauen und bezeichnet sich als Lustmörder. Ein Mediziner überfällt, betäubt und missbraucht mehrere Opfer in deren Wohnungen. Eine Frau bringt ihren Schwiegervater um und zerstückelt seinen Leichnam. Diese und mehrere andere spektakuläre Verbrechen in diesem True-Crime-Buch zeigen: Sex ist das wohl stärkste Motiv und die drängendste Triebfeder für schwerste Verbrechen.

Wie gehen die Täter vor?
Wann werden sie zum Mörder?
Was unternehmen sie, um Spuren zu verwischen?

Und treiben ihre Fantasien sie zu immer neuen Verbrechen? Das Leben schreibt die bizarrsten Geschichten von Tod und Gewalt, sagen der Rechtsmediziner Klaus Püschel und die Gerichtsreporterin Bettina Mittelacher. „Die Wahrheit ist der beste Krimi“ nennt das Erfolgs-Autorenduo in Sachen „True Crime“ deshalb auch seine neue Buchreihe, die nach der Trilogie „Tote schweigen nicht“, „Tote lügen nicht“ und „Der Tod gibt keine Ruhe“ neue spannende Einblicke in schier unglaubliche Fälle gibt. Unglaublich – aber wahr.

Klaus Püschel / Bettina Mittelacher
Vermisst
Die Wahrheit ist der beste Krimi
176 Seiten
978-3-8319-0773-1

Über Jahre verschwinden immer wieder junge Frauen spurlos nach Disco- oder Kneipenbesuchen. Viele von ihnen sind auch Jahrzehnte später noch wie vom Erdboden verschluckt. In Hamburg kommt ein kleines Mädchen vom Spielen nicht zurück. Ein schrecklicher Verdacht wird wenig später Gewissheit: Das Kind ist ermordet worden. In einer niedersächsischen Kleinstadt gilt eine ganze Familie als verschollen. Und in einem Dorf in Schleswig-Holstein erzählt eine Frau, ihr Lebensgefährte sei plötzlich abgehauen. Jahre danach wird dessen einbetonierter Leichnam gefunden. „Vermisst": Unter diesem Titel schildert das Autorenduo mit Rechtsmediziner Klaus Püschel und Gerichtsreporterin Bettina Mittelacher zahlreiche spektakuläre Fälle. Sie alle bestätigen:
Die Wahrheit ist der beste Krimi.

Klaus Püschel / Bettina Mittelacher
Tod beim Golf
Die Wahrheit ist der beste Krimi
192 Seiten
978-3-8319-0771-7

Golfplätze sind überall ein landschaftliches Highlight, mit gepflegtem Umfeld und häufig beeindruckender Kulisse, beispielsweise vor dem Panorama hoher Berge oder in Dünenlandschaften am Meer. Golf inspiriert, und es macht frei. Es beflügelt.
Doch Golf ist nicht nur schön. Alles Mögliche kann während einer Runde Golf passieren, Unerwartetes, Kurioses, Gefährliches. Immer wieder kommt es zu Unfällen, sogar zu tödlichen Unfällen.
In diesem Buch schildern die Autoren Bettina Mittelacher und Klaus Püschel aus der Perspektive des Rechtsmediziners viele kuriose, dramatische, unglaubliche Geschichten rund um das Thema Golf.

Bettina Mittelacher / Klaus Püschel
Toten-Puzzle
Ein Thriller
328 Seiten
978-3-8319-0785-4

„Du bist schön wie ein Engel“, raunt er ihr zu. „Und als Leiche wirst du noch viel, viel schöner sein.“

Wenn der neunjährige Patrick von seinen Albträumen erzählt, geht es um einen geheimnisvollen Kapuzenmann, ums Töten, um das Grauen schlechthin. Was ist wahr an den Geschichten? Und wer ist dieser Kerl im dunklen Gewand, der mit Axt und Messer hantiert und dann als Serientäter scheinbar wahllos Frauen tötet?
Als die Hamburger Kriminalkommissarin Emma Claasen und der Rechtsmediziner Kai Plathe in den Fall eingeschaltet werden, finden sie heraus, dass der kleine Patrick einziger Zeuge eines dieser entsetzlichen Verbrechen geworden ist. Polizei und Rechtsmedizin sehen sich bei der Analyse der Morde mit einem bizarren Totenpuzzle konfrontiert. Wie bei einer Schnitzeljagd sind an den Opfern gruselige Hinweise auf weitere Taten platziert. Und allen ist klar: Wenn sie den Mörder nicht bald fassen, gibt es weitere Tote.

Bibliografische Information der Deutschen Nationalbibliothek
Die Deutsche Nationalbibliothek verzeichnet diese Publikation in der Deutschen Nationalbibliografie; detaillierte bibliografische Daten sind im Internet über http://dnb.d-nb.de abrufbar.

ISBN 978-3-8319-0824-0

Text: Prof. Dr. Klaus Püschel, Bettina Mittelacher, Hamburg
Coverfoto: ©Fer Gregory / www.fergregory.com
Lektorat: Dr. Werner Irro, Hamburg
Gestaltung: BrücknerAping, Büro für Gestaltung, Bremen
Gesamtherstellung: CPI books GmbH, Leck

www.ellert-richter.de
www.facebook.com/EllertRichterVerlag
instagram: @ellert_richter_verlag